日本の損害保険産業

CSRと労働を中心に

松浦 章 著

桜井書店

はじめに

損害保険の本質的な役割・社会的な存在意義は、生産や消費活動にかかわる偶然な事故による損失を専門的・社会的に集約し、原状回復を可能にする機能、すなわち「補償機能」にある。「一人は万人のために、万人は一人のために」がこの産業の基本理念であり、自然災害や不測の事故による経済的損失を補償する機能を発揮することが、社会的に求められている損保固有の役割と言えよう。しかし今、この基本的役割が揺らいでいるのではないか。規制緩和・自由化の流れの中で、人員削減や異種雇用（異業種からの雇い入れ）、非正規雇用の増大などで「雇用の劣化」が生じ、損保の発揮すべき機能の低下につながっているのではないか。

筆者が大学卒業後、三二年間勤めた損害保険会社を退職して大学院の門をたたいたのは、損害保険業界の中で起こっている諸問題を検証し、それを労働現場に返したいというのが主な理由であった。直接的なきっかけは、二〇〇五年に発覚した保険金不払い問題である。保険金不払いの原因に、損保業界の「利潤第一」の施策とそれに起因する「雇用の劣化」があると考えたからである。

二〇一〇年四月から三メガ損保体制がスタートした。三井住友海上、あいおい損保、ニッセイ同和損保が経営統合し、「ＭＳ＆ＡＤインシュアランスグループホールディングス」が発足した。損保ジャパンと日本興亜損保も「ＮＫＳＪホールディングス」という金融持ち株会社の下に経営統合した。これらの経営統合により、「東京海上ホールディングス」を含めた三つのグループで九〇％のシェアを占めることとなった。そうした状況下で、大規模な人員削減が強行されている。「希望」退職という名目での退職強要である。こうした状態を放置して「補償機能」の発揮という損保産業の社会的役割を十全に果たすことができるだろうかというのが、筆者の第一の「ラディカル」な問題意識である。

研究の過程で発生したのが二〇一一年三月一一日の福島第一原発の事故である。損保業界は、原発の「安全神話」にかかわらずそのリスクを科学的に見すえてきた。原子力損害賠償制度の枠組みに原子力損害賠償責任保険の引き受けというかたちで組み込まれながらも、地震、噴火、津波や正常運転による事故を免責とするなど、その高い（と損保業界が想定している）リスクに見合ったきびしい条件を設定することで保険の引き受けを行ってきたのである。保険料もきわめて高い。これはこれでひとつの選択ではあろう。しかし、福島第一原発事故での損害賠償問題の帰趨を見るとき、あらためてリスクマネジメントの視点から損保産業の今日的な社会的責任を考える必要を痛感する。「社会に存在する危険を数値化し、それを社会に警告する」という損保産業の社会的役割を果たそうとするならば、原発リスクに真正面から向き合うという根本的で積極的な姿勢が求められるからである。これが筆者の損保産業に対する第二の「アクチュアル」な問題意識である。

本書では、それぞれの企業・産業が固有にもっている「社会的役割」をまっとうに発揮することこそが「根源的な企業の社会的責任（ＣＳＲ）である」という視座に基づいて、損保産業の原点、労働現場の状況、原発のリスクマネジメントの面から、損保産業におけるＣＳＲを考察する。

構成は以下のとおりである。

第１章では、ＣＳＲをめぐる議論と損害保険会社で実施されているＣＳＲ活動の実態をとおして、ＣＳＲとは何かを考察する。筆者は、企業は社会的な存在であり、自己利益や法的な義務を超えた「根源的なＣＳＲ」が求められると考えている。「根源的なＣＳＲ」とはそれぞれの企業・産業が固有にもっている「社会的役割」の発揮である。そして、その根幹には労働の問題がある。

第２章では、損保産業の果たすべき社会的役割と今日その置かれている状況を明らかにする。損害保険の本質的な役割・社会的な存在意義は、自然災害や不測の事故による経済的損失を補償する「補償機能」にある。しかし、損保自由化後の一七年間の経過と今日の損保産業の実態には、こうした社会的役割が充分発揮しえていないという「産業の劣化」が見られる。利潤第一・株主重視主義が損保産業の「根源的なＣＳＲ」を損なってきたと言える。

第３章では、損保産業で契約募集の大半を担う代理店の現状とその社会的役割の問題を取り上げる。損害保険契約の九〇パーセント以上を扱う代理店の存在を抜きにして損保産業は成り立たない。損保代理店の役割は、日本の津々浦々にセーフティネットを張り巡らせることにある。損保会社が真に代理店を尊重しようとするのであれば、その社会的役割を認識し、対等平等な関係を構築することが必要である。

第４章では、「雇用の劣化」による「根源的なＣＳＲ」の欠如が損保産業でどのように生じてきたのか、その経過と帰結を見るとともに、現在起こっている労働現場の諸問題を取り上げ、その影響を考える。人員削減と異種雇用、非正規雇用の導入による「雇用の劣化」は、前述した保険金不払い問題という「未曾有の危機」をもたらした。しかし、三メガ体制発足後も損保各社で人員削減が相次ぎ、その結果、新たな「産業の劣化」が生じている。

第5章では、損保における労働時間管理の二つの制度、「私的時間」制度と「みなし労働時間制」を分析する。「私的時間」制度の分析結果が示すものは、自主的・自律的な労働とは無縁の労働者の苦悩であり自己規制であった。また、「みなし労働時間制」の調査を行った三つの会社の実態から明らかになったことは、労働基準法の規程を超えてその適用範囲が拡大され、結果として大半の労働者が残業料支払いの対象外となっていることであった。

第6章では、原子力損害賠償責任保険を取り上げ、リスクマネジメントの視点から原発に対する損保産業の今日的役割と責任について考察する。リスクマネジメントの本質は、事故が起こってからの対応ではなくそれを起こさないためのリスクの的確な把握にある。原発は、被害額の巨大さとその発生頻度から「大数の法則」に合致せず、本来損害保険の引き受け概念を超えたものである。その事実を明らかにすることこそが、損保産業に求められる社会的役割の発揮であり、今日果たすべき「根源的なCSR」である。

ここで、私事に触れさせていただきたい。私が損保会社在職中から薫陶を受けてきた経済同友会終身幹事・品川正治氏が、二〇一三年八月二九日帰らぬ人となった。享年八九歳であった。品川氏は、日本火災(現日本興亜損保)の社長、会長、経済同友会の副代表幹事、専務理事を歴任し、退任後も終身幹事として精力的に活動してきた。はじめてお目にかかったのは、一九九九年一〇月、私が所属する大阪損保革新懇の第二回総会に講演をお願いしたときである。「二一世紀の経済社会と損保産業の新しい進路」が演題であった。「損保は経済社会にとって唯一のブレーキ産業である。社会に存在する危険を数値化して、それを社会に警告するという役割を果たさなくてはならない」。氏のこの言葉は、私が損保産業のCSRを研究していくうえでの原点ともなった。

この一九九九年の講演会を皮切りに、品川氏は全国で三〇〇回を超える講演活動を行っている。その中には兵庫県立大学での「平和学」講座開設記念講演も含まれている。品川氏と議論する機会は十数回に及んだが、お会いするたびに「最新の損保産業の分析を、社会的役割を発揮しているかどうかという視点で行っているのはあなただけだ」と背中を押していただいた。いくつかの宿題も与えられたがお返しできないままとなっている。雑誌『世界』で一二回にわたり連載され、その後刊行された『戦後歴程』のあとがき(これが絶筆となった)に品川氏はこう記しておられる。「私はまもなく世を去る。後の世代の方々には、九条を守りつづけ、日本の平和、東洋の平和、アジアの平和、そしてアメリカを含め世界の平和の先頭に立っていただきたいと願うばかりである」(二〇一三年八月一〇日)。微力ながら氏の遺志を受け継ぎたいと思う。

兵庫県立大学大学院では、北野正一先生（二〇一二年に退官された）と伊藤国彦先生にご指導をたまわった。とりわけ中途から担当を引き継いでくださった伊藤先生には大変ご負担をおかけした。それまで書き溜めた拙文を読んでいただくところから出発したが、その結果、論文のテーマをそれまでの「労働時間問題」から「損保産業における企業の社会的責任（CSR）の考察」に変更することとなった。それから二年間集中的にご指導をいただいたのであるが、このテーマ選定がなかったとしたら、二年で博士論文を書き上げようという気力は、おそらく生まれなかったであろう。また、大住康之先生には研究公開セミナーを通じて「CSRと収益性との関係」等についてご教示をいただき、横山由紀子先生には「労働経済学特殊研究」の講義の中で、第5章第1節の『私的時間制度』の実証分析」の手法や研究姿勢について懇切丁寧にご指導をいただいた。大学院の講義をとおしては、松浦昭先生、生越利昭先生、山本雄一郎先生をはじめ経済学研究科の諸先生方に、あたたかい激励と有益な示唆をいただいた。みなさまにあらためて深く感謝申し上げる次第である。

出版にあたっては、兵庫県立大学名誉教授の菊本義治先生の後押しをいただき、関西大学名誉教授の森岡孝二先生には、過日成立した「過労死防止法」制定に奔走されるなどたいへんご多忙な中で推薦の言葉をお書きいただいた。また、私が参加している哲学や経済学の研究会のみなさまにも大いに励まされた。激励してくださったみなさまと編集・出版の労をおとりいただいた桜井香さんに厚くお礼を申し上げたい。

本書は、よりよき損保産業をめざして、仲間とともに活動し議論してきたことの集大成でもある。損保産業が、今後健全な企業・産業として発展するための一助となれば、これに勝る喜びはない。

最後に、五四歳で損保会社を退職し大学院で学ぶというわがままな選択を快く受け入れ支えてくれた、大阪の損保の仲間と家族に心から感謝の意を表したい。

二〇一四年八月

松浦　章

もくじ

第１章

「企業の社会的責任（CSR）論」をめぐって

「企業の社会的責任(Corporate Social Responsibility: CSR)」には、明確な定義はないものの、一般的には、企業は利潤追求だけでなく社会の構成員として一定の責任を果たすべきだという考え方を言う。果たすべき責任とは、第一に、社会的公正や環境などに配慮すること、第二に、消費者・顧客、株主、従業員、地域社会等のステークホルダー(stakeholder: 利害関係者)に対して責任ある行動をとることである。[*1]「企業の社会的責任(CSR)」という言葉は今や日本社会に定着したと言えよう。「CSRレポート」を定期的に発行する企業も多い。ところが、現実には、各企業のCSRについての認識は千差万別である。その掲げている内容と現実の企業活動には大きなギャップがあることも少なくない。また、そもそも企業に「社会的責任」はあるのかという議論さえある。本章ではCSRをめぐるこれらの議論を整理し、CSRとは何かを考察する。[*2]

第1節　財界のCSRについての考え方

日本経団連・経済同友会と損害保険会社の見解

日本経団連のCSRについての見解は、二〇〇四年二月に発表された「企業の社会的責任(CSR)推進にあたっての基本的考え方」に示されている。

「CSRの具体的な内容については国、地域によって考えが異なり、国際的な定義はないが、一般的には、企業活動において経済、環境、社会の側面を総合的に捉え、競争力の源泉とし、企業価値の向上につなげることとされている。」

一方、経済同友会は、二〇〇三年三月の「市場の進化と社会的責任経営」で次のように述べている。

「CSRは企業にとって『コスト』ではなく、経済・環境・社会のあらゆる側面において社会ニーズの変化をいち早く価値創造へと結び付け、企業の持続的な発展を図るための『投資』である。」

経済同友会の「企業の持続的な発展を図るための『投資』」という考え方と、日本経団連の「競争力の源泉」「企業価値の向上」という考え方には大きな違いはない。

損害保険業界で見れば、三井住友海上は、二〇〇四年のCSRレポートの「CSR戦略」という項目

＊1＝谷本寛治（一橋大学教授）は、CSRを次のように定義づける。「CSRとは企業活動のプロセスに社会的公正性や倫理性、環境や人権への配慮を組み込み、ステイクホルダーに対してアカウンタビリティを果たしていくこと」（谷本 二〇〇六、五九ページ）。

また、二〇〇四年四月に経済産業省内に設置された「企業の社会的責任（CSR）に関する懇談会」の「中間報告書」（二〇〇四年九月一〇日発表）では、CSRは「企業と消費者、投資家、従業員、地域社会などの利害関係者（ステークホルダー）との関係」を重視し、「最も基礎的な取組みである法令遵守はもとより、環境保全、消費者保護、公正な労働基準、人権、人材育成、安全衛生、地域社会貢献など幅広い要素から構成」されるものであるとしている（経済産業省 二〇〇四、一ページ）。

＊2＝本書では、以下「企業の社会的責任」あるいは「CSR」と表記する。

で次のように述べている。

「CSRは当社グループの永続的発展・企業価値向上（グループ総合力NO・1）のための必要投資と位置づけ、社会的要請に対応する形で取り組むのではなく、当社の経営的意図を明確にした上で戦略的に取り組んでいくことを基本的な考え方としています。[*3]」

優先的な取組み分野については、日本経団連が二〇〇五年一〇月に実施した「CSR（企業の社会的責任）に関するアンケート調査結果[*4]」（複数回答可）によると、「コンプライアンス・法令遵守」が九六・六％でトップであった。二位は「環境」で六六・三％である。三位以下は、「安全、品質」「個人情報保護、情報セキュリティ」「コーポレートガバナンス」「リスクマネジメント」「雇用、労働（労働災害の防止、社員教育を含む）」「情報開示」「社会貢献、地域活動、メセナ」と続いている。

損害保険会社でもあいおい損保（当時）はこう述べている。

「保険会社における社会的責任の根幹は、コンプライアンス（法令遵守）の徹底にあるとの認識のもと、業務運営の基本に位置付け、行動規範に沿った事業活動を行います。保険金のお支払い漏れや募集文書の誤表示等の問題を深刻な事態と受け止め、コンプライアンスの取り組みを、あらゆる業務運営の基本に位置付けて進めてまいります。[*5]」

あいおい損保にかぎらず、コンプライアンスをCSRの柱と位置づける会社は多い。

財界の考え方をどうみるか

日本経団連の「競争力の源泉」「企業価値の向上」、経済同友会の「投資」という文言や、「社会的要請」に応えるのではない、「企業価値向上のための必要投資」だという三井住友海上のCSRレポートからは、利潤拡大のための道具としての「社会的責任」論しか見えてこない。企業価値として通常考えられるのは「株主価値＋負債価値」[*6]であり、株主価値の増大が企業価値の増大を意味していると考えられるからである。

たしかに、CSRは企業価値の向上につながるという考え方は、企業がCSRに取り組む大きな動機づけになるであろうし、企業内部でのCSR推進のコンセンサスも得やすいであろう。[*7]しかし、「企

＊3＝『三井住友海上グループにおけるCSR活動と行動憲章の解説』二〇〇四年、五ページ。ただし、同社の二〇〇六年度『CSR Report 2006』以降は「CSR戦略」という項目も表現も見られず、保険・金融サービス事業の公共性を強調した「三井住友海上グループ行動憲章」を前面に打ち出した編集となっている。

＊4＝回答社数五七二社、回答率四三・二％。実施時期は二〇〇五年三月—四月。CSRに関する調査は日本経団連としてはこれが初めてである(日本経済団体連合会二〇〇五a)。

＊5＝『あいおい損保の社会的責任—CSRレポート二〇〇六』二六ページ。

＊6＝「企業価値は事業価値と非事業資産価値との合計で算出できる。事業価値は、……各事業が将来にわたって生み出すキャッシュフローの現在価値の総和から求めることができる。一方で、非事業資産価値とは、事業とは直接関係ない資産(例えば、遊休地、絵画、ゴルフ会員権)を時価で評価することにより求めることができる。こうして算出した企業価値から有利子負債を差し引くことにより株主価値を求めることができる」(日経ビジネス編『経済・経営用語辞典』日経BP社、二〇〇九年、九四ページ)。

業価値の向上」をCSRの目的とする考え方を突き詰めるならば、結局、第2節で取り上げるフリードマンの言う「会社に社会的責任があるとすれば、唯一それは利益を最大化すること」というCSR否定論にゆきつく。

優先的な取組みとして一位に挙げられた、コンプライアンスはどうであろうか。たしかにコンプライアンスが大切であることは言うまでもないが、それは「企業の社会的責任」以前の、企業活動を行っていくうえで当然守るべき法やルールの問題である。コンプライアンスはCSRの柱とは言えない。欧州においては、「法令遵守や企業倫理は企業にとって当然の義務と理解され、CSRとしては認識されない」(経済産業省 二〇〇四、二三ページ)という。*8

また、「良き企業市民」という考え方が導入され、一九八〇年代半ばから広がったのが「社会貢献」である。損保業界に限ってみれば、東京海上日動の「マングローブ『海の森』植林」、損保ジャパンの「東郷青児美術館」、三井住友海上の「陸上と柔道」等々、環境への配慮や芸術・スポーツ活動の支援などである。これらは企業の広告としての側面が強い。*9

CSRと収益性との関係

早稲田大学ファイナンス総合研究所の首藤恵・竹原均は、CSRへのアプローチは幅広く、利潤追求活動と無関係な社会的要請への対応と捉える非経済学的アプローチから、利潤追求主体としての企業の経済価値との関係からとらえる経済学的アプローチまで含まれると言う(首藤・竹原 二〇〇七、七ページ)。前者は、CSRは企業の経済的損失(コスト)をともなうがより高い配慮(社会的利益)によって正当化される選択であり、後者は、社会的外部効果の内部化や利潤機会との関連でCSRを狭くとらえ、企業にとってのコスト・ベネフィットを重視する立場である。*10

首藤・竹原は次のように指摘する。

「CSRの実践的取り組みに関心をもつ多くの研究者の間では、CSRとは社会の要請(需要)に対する企業の自主的な対応(供給)であり、法的要請を守る企業の自主的行動は当然のこと、コンプライアンスを超えて企業が自発的ないし裁量的な行動に従事する状態とする定義について合意が得られている。企業は社会の一員であるという大前提のもとでは、その社会の倫理や

---

*7=足立浩(日本福祉大学)は、「企業価値の向上」が企業を取り巻くすべてのステークホルダーの利益向上に無条件につながるかのように喧伝されること、また「企業価値の向上」が「CSR推進」に、逆に「CSR推進」が「企業価値の向上」に無条件につながるかのように論じられることについて、「レトリック的性格」の一面があると指摘する(足立二〇〇九、二ページ)。

*8=欧州委員会の「マルチステークホルダー・フォーラム」報告書(二〇〇四年六月)は、「CSRは法律上、契約上の要請以上のことを行うことである。CSRは法律や契約に置き換わるものでも、また、法律及び契約を避けるためのものでもない」と定義づけた(藤井二〇〇五、二〇ページ)。

*9=加賀田和弘(小樽商科大学)は、社会貢献やコンプライアンスはCSRには含まれないとする(加賀田二〇〇八、四二—四三ページ)。

*10=合力知工(福岡大学)は、企業の社会的責任論には「規範的アプローチ」と「文脈的アプローチ」とがあるとする。前者は経営思想における内面的倫理化、すなわち企業倫理との関連性を強調するもので、後者は戦略性が強く、社会を変化する一連のプロセスとしてとらえ、私的利益と公共的利益の均衡および最適化を図るものとしている(合力二〇〇四、二六六—二六九ページ)。

社会理念と抵触しない利潤追求行動が求められ、外部効果の内部化や株主に対する経済的・法的義務を超えて社会的な義務を負っている。企業に求められる社会的責任は社会によって異なり、社会の発展とともに変化するが、社会の一員として社会の持続可能性と安定性に与える影響を配慮して行動しなくてはならないという基本認識は変わらないはずである。すなわち、現代社会では、企業は提供する生産物の質だけでなく業務活動のプロセスに関して社会と市場の評価を受ける。」

（同上、七ページ）

このように、近年のCSRに対する考え方の特徴は、社会もしくは市場が企業の財務的側面だけでなく、社会問題や環境問題への取組みを含む非財務的側面を評価する姿勢を強めており、CSR活動は企業の発展や従業員の意欲向上にも資するというものである。[*11]「企業は社会の一員であるという大前提のもとでは、その社会の倫理や社会理念と抵触しない利潤追求行動が求められ」るが、そのことが結果として企業の発展にもつながるということであろう。倫理的アプローチと経済学的アプローチの統一とも言える考え方である。[*12]

しかし、そもそもCSRと企業の発展とは両立可能な関係にあるのであろうか。保険学の堀田一吉（慶應義塾大学）は、CSRと企業の収益性との関係について次のように指摘する。

「企業経営者にとっての最大の関心は、CSRを実行することが収益性につながるかどうかである。……これまでに社会的パフォーマンス（CSR）と財務的パフォーマンス（収益性）の関連性についての実証分析は、いくつか出されているが、確かな結論は導き出されていない。……CSRと収益性の問題は、企業が収益性にどこまで固執しないで、行動をとることができるかどうかである。」（堀田 二〇〇八、八二―八三ページ）

CSRと企業の収益性との関係について、経営学および会計学の視点から追究しているのが足立浩（日本福祉大学）である。足立は、首藤・竹原（二〇〇七）と同様に、近年のCSR論の重要な特徴の一つは「〝社会的責任の追求は企業利益（とくに長期的利益）の追求と両立する〟という点にあるように思われる」と述べ、主として一九九〇年代のアメリカにおける先行研究からCSRと収益性との関係を論じている。足立は、従来基本的に対立的・否定的なものと捉えられてきた両者の関係がとくに近年必ずしもそうではなく、むしろ両立可能と言える側面をもつものとして認識・理解されはじめたことに留意す

＊11＝橘高研二（二〇〇六、二ページ）を参照。経済産業省も同様に、CSRへの取組みは「単に企業が社会貢献を行うということにとどまらず、その企業の企業経営そのものの見直しにつながることから、企業の競争力の強化にも資する」（経済産業省 二〇〇四、二ページ）と述べている。

＊12＝その一つの例として、足立英一郎（日本総合研究所）は、CSRの観点に注目して投資先企業を選定する「社会的責任投資（SRI; Socially Responsible Investment）」の隆盛を挙げ、「もともと、SRIは欧米において宗教的価値観から始まったと言われている」が、今日では「社会・環境問題に関し積極的な対応を図る企業の、将来の企業価値は確実に上昇するという期待にもとづく、経済合理的な行動として隆盛を遂げている」（足立 二〇〇四、四八―四九ページ）と言う。

ることが必要だとし、問題は企業の収益性をどのような視点で捉えるかだとする。足立はその論点として、①どのような期間的次元で収益性を認識するか（とくに「長期的視点からの収益性」認識・追求の必要性）、②どのような範囲的次元で収益性を認識するか（とくに「多角的視点からの収益性」認識・追求の必要性）を挙げ、大要次のように述べている。

「「長期的視点からの収益性」認識においては、企業の社会的責任は企業自体の社会的影響度の高まり・広がりに応じて必然的に高まり広がる方向で発展するものであり、これに応えることは遅かれ早かれ不可避の課題となる。しかし、株主のすべてが長期的利益を最優先するわけではない。逆に、短期的な株価変動への関心・注目が一般的に高まっている事情のもとでは、むしろ典型的な株主は短期的視点での利益に通ずる「企業価値」「株主価値」の向上を重視していると見るべきであろう。とすれば、環境対応等の社会的責任の積極的遂行は短期的な株主利益とは対立する傾向が強いことにならざるをえない。社会的責任の積極的遂行にコスト負担が伴うかぎり、それと短期的な収益性とは実際にも対立せざるをえないであろう。

社会的責任の積極的遂行と短期的な収益性向上と対立（非両立性）という問題についてはどのように認識し、対応すべきなのか。端的に言えば、「長期的視点からの収益性」認識の立場に立つか、あるいは「収益性」概念そのものの再検討を試みるしかない。ここで収益性概念の再検討というのは、株主価値を最優先するのではなく、他の多様なステークホルダーにとっての価値＝利益をも含む「多角的視点からの収益性」との結合、換言すれば「社会的視点からの価値」を主要な前提にすることである。」（足立二〇一二、一六七―一七三ページ）

短期的視点で株主価値＝企業価値の最大化を最優先するかぎり、CSRの積極的遂行は困難ということであろう。企業価値の向上がCSRの大前提であれば、CSRの遂行が収益性の向上につながる場合は積極的に取り組むものの、経済的見返りが得られない場合には撤退するということになってしまうからである。前述のとおり、日本経団連はCSRの目的を「競争力の源泉」「企業価値の向上」に置き、経済同友会は「投資」であるとする。経済界の主流はなおCSRを「社会的外部効果の内部化や利潤機会との関連で狭くとらえ、企業にとってのコスト・ベネフィットを重視する」立場にあると言える。

■財界のCSR論の変化

しかし、経済同友会は、一九五六年に発表した「経営者の社会的責任の自覚と実践」では次のように述べていた。

「企業は、今日においては、単純素朴な私有の域を脱して社会諸制度の有力な一環をなし、その経営もただに資本の提供者から委ねられておるのみではなく、全社会から信託されるものとなっている。それと同時に、個別企業の利益が、そのまま社会のそれと調和した時代は過ぎ（中略）現代の経営者は倫理的にも、実際的にも単に自己の企業の利益のみを追うことは許されず、経済、社会との調和において、生産諸要素を最も有効に結合し、安価かつ良質な商品を生産し、サービスを提供するという立場に立たなくてはならない。（中略）経営者の社会的責任とは、これを遂行することに外ならぬ。」（経済同友会 二〇一〇、四ページ）

これは経済同友会が当時「企業は社会の公器である」という考え方に基づいて、企業のもつべき基本理念として打ち出したものである。さらに、一九七二年の提言「社会と企業の相互信頼の確立を求めて」においても、一九五六年提言と同様の考え方を示している。

「本来企業はその行動が、その時代の人々の諸要求に基づいて形成される社会的ニーズに合致してこそ、社会的支持を得られるものであり、その上に立ってはじめて企業自体の発展も保障されるのである。（中略）企業が社会的信任を高めるためには、たんに既存の法律や規制を守るにとどまらず、（中略）進んでより高次の社会的責任を遂行することが重要となっている。」（同上、四ページ）

いずれも今日の経済同友会の考え方とは大きく異なっている。

それでは、経済同友会をはじめとする財界の変化はどこから生じたのであろう。

社会学のロナルド・P・ドーアによると、一九九五年に発表されたある調査での「会社は誰のものか」

という質問に対して、米国で八割弱、英国で七割が「株主」と回答したのに対し、ドイツ、フランスでは八割が「ステークホルダーのすべて」と回答している。同じ調査で、日本は九七％が「ステークホルダー」と回答している。それが、二〇〇五年三月に、日本経済新聞が経営者と市場関係者を対象として行った同様のアンケートによると、約九割が「会社は株主のものである」と回答したということである。[*13] 経済同友会のCSR論の変化は、経営者の大勢を占めるにいたった「会社は株主のもの」という考え方がもたらしたものと言えよう。[*14]

＊13＝ドーアは、日米の「企業観」の違いを、米国は、企業＝株主の所有物、日本は、企業＝一種の共同体とし、そのモデルを「株主所有物企業」と「準共同体的企業」と名づけたうえで、上記アンケートのように「日米が似通って」きたのは、「株主所有物企業」にしようとする日本政府の政策的企図があってのことだとしている（ドーア 二〇〇六、一三―一八、一五〇ページ）。

＊14＝経済同友会の転機は、大手企業のトップら一四人が、新しい日本型経営を提案するため、千葉県浦安市舞浜の「ヒルトン東京ベイ」において泊りがけで激しい議論を繰り広げた一九九四年の「舞浜会議」にあると言われている。その模様を、朝日新聞「変転経済取材班」は次のように記している。「論争の中心になったのが『雇用重視』を掲げる新日本製鉄社長の今井敬と、『株主重視』への転換を唱えるオリックス社長の宮内義彦だった。経済界で『今井・宮内論争』と言われる」。宮内は「これまで企業が社会に責任を負いすぎた。我々は効率よく富をつくることに徹すればいい」と主張した（朝日新聞「変転経済取材班」編 二〇〇九、三ページ）。日本火災海上保険相談役としてこの会議に参加していた品川正治は、「結局、舞浜が、企業も国も漂流を始めた起点ということになった」と指摘する。筆者は二〇〇八年四月、品川から経済同友会のこの転換点となった論議について直接聞く機会を得た。

第2節 「株主主権論」とCSR

二〇〇五年以降の、ライブドアによるニッポン放送株取得事件、楽天のTBS株買い占め、さらには村上ファンドの阪神電鉄介入は、株の買い占めによる敵対的買収が日本でも現実のものになる可能性を浮き彫りにして、大きな衝撃を与えた。とくにニッポン放送の株式取得問題では、従業員の猛反対、関連する個人、団体からの激しい批判により、「会社は誰のものか」という議論が巻き起こった。すなわち会社は株主のものか、そうではないのかということである。それでは、「会社は株主のもの」という考え方に立った場合、「企業の社会的責任」はどう考えられるのであろうか。

理論経済学の岩井克人は、「会社とは何か」という根源的な問いから出発しないかぎり、「会社の社会的責任とは何か」という問題をまともに論じることは不可能だと言い、その理由として、もし会社は株主のものでしかないという「株主主権論」が正しいとすれば、会社の社会的責任などという言葉はまったく意味をなさないからだと述べる。岩井が挙げるのは、フリードマン[*15]のCSR否定論である。

「ミルトン・フリードマンによれば、会社に社会的責任があるとすれば、唯一それは利益を最大化することだというのです。ここで、『社会的責任』という言葉を使っているのは、もちろん、痛烈な皮肉です。通常、人びとが会社の社会的責任というとき、それは社会的正義の実現や公共福祉の増大など、利益以外の目的も会社は考慮すべきだということを意味しています。フリードマンが、会社の社会的責任は利益を最大化すること以外にないというのは、そのような意味での社会的責任などまったく存在しないという意味です。」（岩井 二〇〇五、八四―八五ページ）

このように、フリードマンの論理では、会社に社会的責任があるなどと言って、経営者が本来株主に支払うべき配当の一部を慈善活動や文化事業などに使ってしまうのは、株主の選択の自由を奪う、ある種の窃盗行為だということになる。つまり、「会社は株主のもの」という立場に立つかぎり、経営者には株主の利益を最大化させるために会社を運営することが求められるだけであり、会社に「社会的責任」など生じようがないということである。あるのは、経営者が株主に対して負う「経営責任」のみということになろうか。

それでは岩井は「企業の社会的責任」をどう考えるのであろうか。岩井は、法人企業としての「会社」

＊15＝Milton Friedman（一九一二―一九七六）は保守派経済学者の代表的存在。一九七六年、ノーベル経済学賞受賞。シカゴ学派のリーダーでレーガン政権の経済政策の理論的支柱となった。

フリードマンは一九七〇年九月の*The New York Times Magazine*への寄稿の中で、企業の社会的責任について次のように述べている。“the social responsibility of business is to increase its profits.”，“In a free-enterprise, private-property system, a corporate executive is an employee of the owners of the business. He has direct responsibility to his employers. That responsibility is to conduct the business in accordance with their desires, which generally will be to make as much money as possible while conforming to the basic rules of the society, both those embodied in law and those embodied in ethical custom.”（経済産業省 二〇〇四より引用）。

はたんなる企業ではないとし、法人であることに「社会的責任」の生じる根拠があるとする。

「（法人とは）本来はヒトでないのに、法律上はヒトとして扱われるモノのことです。自然人の場合は、ヒトとして生まれ落ちたことによって、社会によってヒトとしてあつかわれる権利を持っています。自然人は自然人であること自体が、その存在意義なのです。だが、法人の場合は、生まれながらのヒトではありません。それはたんなるモノです。そのたんなるモノが、たとえ法律の上だけであれ、社会によってヒトとしてあつかわれているのです。では、社会はなぜ法人をヒトとして承認しているのでしょうか？ それは法人が社会にとってなんらかのプラスの価値を持っているからです。」（同上、九二ページ）

法人の存在意義は社会的価値を持っていることにあり、だからこそ法人は社会的な存在であると言うのである。そして、フリードマン流の考え方は、会社の社会的な存在意義を、企業活動によって生み出される経済的な利益の有無に、それも株主に利益をもたらすかどうかに限定してしまうものだと批判する。社会にとって価値を持つから社会によってヒトとして認められているのであるという法人制度の原点に立ってみれば、会社の存在意義を利益の最大化に限定する必要などない。「会社は社会のもの」[*16]であり、会社の自己利益や法的な義務を超えた「何か」が課せられることになる。そして、その「何か」が社会的責任だと結論づけている。法人としての会社そのものが、主体として社会に責任を負うということであろう。[17]

第3節　企業の不祥事とCSR懐疑論

一方、法人資本主義論の奥村宏は、現在の「企業の社会的責任」論には懐疑的である。

「会社として当然しなければならないことをしていない会社がいかに多いかということが、『企業の社会的責任』ということを言わざるをえなくしているのではないか。公害や薬害、あるいは

＊16＝経営学のピーター・F・ドラッカー（一九〇九―二〇〇七）も同様な考え方を主張している。ドラッカーは、企業の目的は社会にあると言う。「企業とは何かと聞けば、ほとんどの人が営利組織と答える。経済学者もそう答える。だがこの答えはまちがっているだけでなく的はずれである。経済学は利益を云々するが、目的としての利益とは、『安く買って高く売る』との昔からの言葉を難しくいいなおしたにすぎない。それは企業のいかなる活動も説明しない。企業のあり方についても説明しない。」「企業の目的は、それぞれの企業の外にある。企業は社会の機関であり、その目的は社会にある。」（ドラッカー 二〇〇一、一四―一五ページ）

北野正一は、「ドラッカーの顧客創造による社会的貢献をめざす目標管理型企業像は……経営層の長期・経営環境対応と経営内部を担う労働層の自律的実行との協調を示唆しており、市場経済における企業像として貴重である」（北野 二〇〇六、一四〇ページ）と指摘する。

＊17＝企業と社会について、堀田一吉は、同様に、「企業は社会の一員であり、一般市民と同様に、企業市民（corporate citizenship）として存在している。この意識を会社経営のトップが認識し、明確な企業理念として会社の内外へ表明する姿勢が必要である。」「企業に対して社会的価値が認められるためには、社会にとって必要な存在であることが前提となる」（堀田 二〇〇八、八四ページ）と述べている。法人企業に限定はしていないが、「保険業のCSR」という論題からして同趣旨と考えてよいであろう。

欠陥商品や事故かくしなどで、多くの人を死なせたり、傷つけたりしている会社が続出している。そのために、あえて『企業の社会的責任』ということを強調せざるをえないのではないか。」（奥村二〇〇六、四ページ）

奥村はこのように、「企業の社会的責任」論は、企業批判への対抗策としてのものでしかないとする。[*18]奥村は岩井に対しても、会社はモノではない、工場や建物はモノだが、会社はそのような目に見える実体ではない、と反論し、問題の焦点は、現在の株式会社の問題点を明らかにして、それを改革することにあると主張する。

「人間は実体だが、株式会社はそうではない。それはあくまでも機能のために作られたものである。それをあたかも実体であるかのように多くの人がとらえていること、そのことこそが問題なのである。会社は本来、実体としてとらえられるべきものではなく、機能としてとらえられるべきものである。ある機能のために人々が作ったのが会社である。それがあたかも実体であるかのような存在になり、それが人々の生活を支配するようになっている。このような会社を変えようとするならば、なによりこれを機能としてとらえることが必要である。本来、人々が目的とした機能を会社が果しているのかどうか。本来の機能とは離れて人間生活を支配し、脅かしているのではないか。そうであるなら本来の機能に合わせて会社を変え、それに見合った新しい企業を作っ

ていくことが必要である。」(同上、八四ページ)

それでは奥村は、株式会社が現実に起こした問題に対する社会的責任をどう考えるのであろうか。奥村は、まず株主の責任を考える。株式会社の大原則は、株主は有限責任であるから、出資分がただになっても仕方がないが、それ以上の責任を負わなくてもよいということである。奥村は、こうした有限責任が、株主は経営に何ら責任をもたないという無責任性をもたらしている原因であり、現在のような巨大株式会社のもとで、そのシステムがあらためて大きな問題になっていると指摘する。そして、株主有限責任は根本から考え直すべきだと主張する。

さらに、K・ヤスパース[*19]が一九四六年一月から二月にかけて、ハイデルベルグ大学で戦争責任の問題について講義したなかでの、「国民も責任を負わねばならない」という発言を引用して、責任の所在について述べている。

「戦争責任についていうと、これは戦争をした国家の責任は国民が負うということである。そうだとすれば、企業=会社の社会的責任はいったい誰が負うのであろうか。国家の責任は国民が負

＊18=コロンビア大学のJ・ベイカンは、エンロン事件などを挙げCSRが企業の不祥事の隠れ蓑とされる危険性を指摘している(ベイカン二〇〇四、三九—八〇ページ)。

＊19=Karl Theodor Jaspers(一八八三—一九六九)はドイツの精神科医、哲学者。実存主義の代表者の一人。ドイツの戦争責任問題について『責罪論』を執筆。

わなければならないとしたら、株式会社の責任は株主が負わなければならないということになるのだろうか。もし株主資本主義論者たちがいうように、『会社は株主のものである』としたら、会社が行ったことについての責任は株主がとらなければならないということになる。しかし公害にせよ薬害にせよ、その他多くの企業犯罪、あるいはさまざまな企業不祥事で株主の責任を問題にした人はいない。」(同上、九五ページ)

それでは誰が責任をとるのか。奥村は次のように考える。多くの人は「会社それ自体」が責任をとると考えているが、日本では法人である会社には刑事上の責任はない。犯罪は行為であり、行為をするのは意思があるからである。ところが法人には身体がなく頭脳もない。したがって意思もなく行為もできない。現実に、チッソ水俣病、薬害エイズのミドリ十字、欠陥車の三菱自動車等々、いずれも法人としての会社の刑事責任は問われていない。

では、法人には責任がないですまされるのか。三菱自動車の欠陥車事件で、欠陥車を作ったのは工場の人間たちだから会社には責任がないと言えるのか。JR西日本の列車事故で、責任は運転手にあり会社に責任はないと開き直れるのか、と奥村は問いかけ、次のように結論づける。「経営者は会社を代表することで強大な権限を持っており、高い地位と巨額の報酬を得ている。公害などで経営者が直接にその事実を知っていたかどうかに関係なく、法人としての会社が犯した犯罪については経営者が責任をとるべきではないか」(同上、一二二ページ)。

奥村の議論は、責任主体があくまでも自由な意思主体としての個人＝自然人であるかぎり、会社の決定権をもつ自然人＝個人である「経営者」が責任をとるべきだというものである。

第4節　「根源的なCSR」

これまで述べてきたCSRについての考え方の特徴を整理したうえで、今日あるべきCSRを考えてみよう。

- フリードマンをはじめとする新自由主義の考え方では、企業には株主に対する以外には社会的責任などない。また責任の主体は個人であって、株式会社が責任の主体になることはありえない。そして個人である経営者の責任は、株主の利益を最大にすることだけである。
- 岩井は、法人としての会社には「社会的責任」があると言う。法人は社会にとって価値をもつからこそ、その存在意義があり、社会からヒトとして認知されている。法人としての会社は社会のものだ。したがって、社会に対して果たすべき「責任」が法人としての会社にはあるとする。ここでは法人が責任主体となる。
- 奥村は、実体でなく機能である会社は法理論上責任の主体になりえない。株主も有限責任であるから、会社の不法行為等の責任は経営者がとるしかない、と責任の主体を経営者とする。一方「企業の社会的責任」論は、時代にそぐわない「株式会社」の実態を隠蔽するもので、その改革を妨げるものでしかないと言う。

筆者は、フリードマンの考え方には与しない。フリードマンの「企業は株主の道具であり」、「企業経営者の使命は株主利益の最大化」（フリードマン 二〇〇八、二四九—二五二ページ）であるという考え方は、CSRを否定するものだからである。

それでは、岩井、奥村の考え方はどうであろうか。

岩井は、責任の主体を「法人」に置き、法人たる「会社」の社会的責任を強調する。ただ、その内容については必ずしも明確ではない。一方、奥村は、責任の主体を「経営者」に置くが、それは会社の不法行為責任に限定するものであって、抽象的な「企業の社会的責任」論など唱えるべきではないと言う。奥村の、企業の不法行為責任を追及するきびしい姿勢には共感するところが多い。たしかに、一九六〇—七〇年代にCSRが隆盛になったのは、高度経済成長の過程で企業が私的利益を優先した結果、公害問題などの社会的弊害をもたらし、社会的批判にさらされたからであった。また最近でも、雪印乳業や日本ハムなど一連の企業不祥事が発覚したのを受け、あらためてCSRが問われるといった状況が生まれている。[*20]

だからと言って、抽象的な「企業の社会的責任」論を唱えるのは有害だ、という考え方はどうであろうか。求められる責任の内容を「不法行為」に限定することによって、逆に、明らかな法違反でなければどんな企業活動も許されるといった風潮を助長することになりはしないだろうか。

筆者は、岩井の「会社の存在自体が社会的なもの」であり「会社の自己利益や法的な義務をこえた『何か』が課せられる」という考え方に立ちながらも、加えて、「何か」といった抽象論にとどまるのではなく、「根源的な企業の社会的責任」を追求すべきだと考える。そして「根源的な社会的責任」とは、それぞれの企業・産業が固有にもっている社会的「役割」の発揮にあると考える。銀行には銀行の、証券には証券の、そして生保や損保にも独自の社会的「役割」があるはずである。[*21] 詳細は第2章にゆずるが、損害保険産業の本質的な「役割」は、生産や消費活動にかかわる偶然な事故による損失を専門的・社会的に集約し、原状回復を可能にする機能、すなわち「補償機能」にある。この損保固有の社会的「役割」をしっかりと果たすことこそが、損保産業に求められる「根源的な企業の社会的責任」である。[*22]

奥村は、「企業の社会的責任」論を否定しながらも、同時に、「本来、人々が目的とした機能を会社が果しているのかどうか。本来の機能とは離れて人間生活を支配し、脅かしているのではないか」(奥村 二〇〇六、八四ページ)とも指摘している。株式会社の現状を、本来の機能の喪失と捉えていると言え

＊20＝川村雅彦(ニッセイ基礎研)も、「わが国では戦後五〇年間にほぼ一〇年周期で大きな企業不祥事や企業批判が起こり、そのたびに『企業の社会的責任』の議論が再燃し、企業が反省・自戒するパターンを繰り返してきた」と指摘する(川村 二〇〇四、三ページ)。

＊21＝川村雅彦は、CSRを、「本業とは別のところで行われる特殊な取組ではなく、本業遂行のプロセスにおいて実践し、市場に提供するプロダクトにおいて実現すべきものである」(川村 二〇〇七、五ページ)とする。

＊22＝堀田一吉は、保険業のCSRについて、第一に、保険会社の社会的責任は、何よりもまず、保険事業を通じて国民福祉の向上に資することでなければならない。したがって、多様化・複雑化する国民の保障ニーズに的確に対応することが求められる、と述べている(堀田 二〇〇七、三三ページ)。これは生命保険業について書かれたものであるが、本業を通じてという考え方は損害保険業にも共通するものであろう。

よう。奥村は、ここから株式会社の改革へと論を進めるわけであるが、その是非は措き、「本来の機能」の喪失という現状認識は、筆者の言う企業・産業の固有の役割の発揮こそ「根源的な企業の社会的責任」という考え方に通じるものと考える。

財界の考え方との関係も見ておこう。前述のとおり、財界のCSR論は「競争力の源泉」「企業価値の向上」（日本経団連）、「投資」（経済同友会）というものであった。[*23] 第1節で経済同友会のCSRに対する考え方の変化について述べたが、経済同友会は今日、CSRを「企業の持続的な発展を図るための『投資』である」としている。一九五六年に発表した「経営者の社会的責任の自覚と実践」では、企業のもつべき基本理念について、「単に自己の企業の利益のみを追うことは許されず、経済、社会との調和において、生産諸要素を最も有効に結合し、安価かつ良質な商品を生産し、サービスを提供するという立場に立たなくてはならない」と述べていた。筆者は、この立場こそ今日求められるものであり、「根源的な企業の社会的責任」の原点であると考えるものである。

第4章、第5章で詳述するが、「根源的な企業の社会的責任」を考えるとき、その根幹にあるのが労働の問題である。非正規雇用の増大、正社員の長時間労働、一方的な人員削減・解雇等々によって、「雇用の劣化」が生じ、さらにそれが「根源的な企業の社会的責任」の阻害につながっていると考えるからである。以下では、それぞれの企業・産業が固有にもっている社会的「役割」の発揮こそが「根源的な企業の社会的責任」であり、その根幹に労働の問題があるという視点で今日的な損保産業の社会的責任を論じてみたい。

＊23＝日本経団連の「競争力の源泉」論や「コンプライアンス」重視等の財界・大企業の現実のCSR方針を見て、フリードマンなら、会社の儲けのために役立つからと双手を挙げて賛成するに違いない。彼にとっての企業の社会的責任とは、唯一「利潤を拡大させ、株主の利益を最大にすること」だからである。

岩井は、会社の利益のためにCSRの普及を図るという考え方については否定的である。環境に配慮している会社や、芸術を支援している会社はよいイメージを持たれるというブランド戦略でCSRを考えているとしたら、「社会的責任」はまったく無意味な言葉になってしまう。これは、株主主権論と何ら変わらないと言う（岩井二〇〇五、八九—九〇ページ）。

奥村も、「CSRは儲かる」、すなわち企業が社会的責任を果たすことが長期的には利益の増大になるという考え方には、それならあえて「社会的責任」などと口にする必要はない、たんなる儲けのための努力でしかないと批判する（奥村二〇〇六、二ページ）。

第2章

損害保険産業の社会的役割と現状

本章では、それぞれの企業・産業にとって固有の社会的役割の発揮が「根源的なCSR」であるという考え方から、損害保険産業の本質的な社会的役割と今日その置かれている状況を明らかにしたい。

第1節　損害保険

損害保険の役割

損害保険とは、偶然な事故により生じた損害を補償する保険を言う。私たちが社会生活を営むうえでは、常にリスクがついてまわる。火災にあう可能性もあれば、交通事故にあう、あるいは交通事故を起こす可能性もある。こうした各種の災害において発生した被害を補填するのが損害保険の機能である。

日本で損害保険の営業がスタートしたのは一八七九年(明治一二年)である。今日では自動車保険の占める割合が高くなっているが、当初発売されたのは「貨物海上保険」や「船舶保険」、「火災保険」などであった。損保会社の社名に「〇〇海上」「〇〇火災」がつくのはそうした理由からである(ここ数年は合併により〇〇損保という名称が増えている)。現在では生命保険以外のほとんどの保険を網羅しており、火災、自動車、傷害、海上の中心的な保険のほか、原子力、航空の特定事業保険から身近なゴルファー保険、つり保険まで幅広い。「リスクの数だけ損保商品がある」と言われるように、損害保険の商品は大変バラエティ豊かである。まさに社会のセーフティネットの役割を果たす産業と言えよう。

損害保険の本質的な役割・社会的な存在意義は、生産や消費活動にかかわる偶然な事故による損失を専門的・社会的に集約し、原状回復を可能にする機能、すなわち「補償機能」にある。自然災害や不測の事故による経済的損失を補償する機能を発揮することこそが、損保固有の役割として社会的に求められている。こうした機能を有効にかつ安定的に発揮させるために、損害保険事業は独占禁止法の適用除外とされ、料率、引受け規定、支払保険金の算定基準等々、さまざまな規制が行われてきた。[*24]

また、損害保険は「リスクマネジメント」の役割をも担っている。品川正治[*25]は、この「役割」について「そこにはこういうリスクがある、こういう危険がある、その危険を評価すればこれだけある。その危険を数値化して、それを社会に警告し、その役割を果たさなくてはならない産業です」（品川 二〇〇六a、一四三ページ）と述べている。

第一に自然災害や不測の事故による経済的損失を補償する、第二に社会に存在する危険を数値化し警告する、これが損保産業に課せられた社会的役割と言えよう。

＊24＝歴史的に見ると、損保にも独占禁止法が適用され保険会社間の自主的な協定が排除されていた時代があった。しかし、日本経済への寄与と混乱回避を考慮して、「損害保険料率算定会」が設立され、独占禁止法の適用除外となった経緯がある。その結果、世界的に見ても安価で安定的な保険サービスの供給が行われてきた。

＊25＝品川正治（一九二四―二〇一三）は、日本火災海上保険（現日本興亜損保）社長、会長、経済同友会副代表幹事・専務理事、財団法人国際開発センター会長を歴任。

収支相等の原則

損害保険の本質的な役割である「補償機能」を果たすため、保険会社は多数の保険加入者＝契約者から「保険料」を受け取り、事故発生時に「保険金」を支払うことになるが、保険事業を継続的・安定的にすすめていくためには、収入と支出は均衡していなければならない。これを収入保険料総額と支払保険金総額が相等しいという意味で「収支相等の原則」と言う。簡単な関係式で示せば、被保険者数をn、保険料の額をP、保険事故の発生件数をr、保険金の額をZとするとき、nP＝rZで表される。[*26] そして、この原則が成り立つように、保険会社は「大数の法則」[*27]に基づいて適正な保険料を算定しなければならない。[*28]

保険料は、補償される金額に保険料率と呼ばれる単価を掛け合わせたものであり、保険料＝保険金額×保険料率と表される。保険料率には三つの原則がある。①合理的、②妥当、③不当に差別的でない、の三つである。損害保険事業総合研究所は次のように述べている。

「この要件は、アメリカ各州の保険法で定める『料率は高すぎ(excessive)てはならず、低すぎ(in-adequate)てはならず、また不当に差別的(unfairly discriminatory)であってはならない』という基準と同一趣旨と考えられる。ここに、『高すぎず、低すぎない』とは、料率が保険のコストを過不足なくつぐなう水準にあること、すなわち収支相等の原則を充足していることを意味する。」(損害保険事業総合研究所 二〇〇八a、五七ページ)

この「収支相等の原則」を揺るがすものとして「モラルハザード」の問題がある。「モラルハザード」とは、もともと保険用語であり、保険をかけることによってリスクを回避しようとするインセンティブが弱まったり、安心感から注意力が散漫になったり、また極端な場合は意図的に事故を起こすといった、保険加入による契約者の心理の変化による危険を言う。モラルハザードは、本来、保険会社が最も嫌うものである。産業の根幹にかかわる問題だからである。前述のとおり、損害保険では「収支相等の原則」が成り立つように「大数の法則」に基づいて適正な保険料を算定しなければならない。ところが、モラルハザードは、保険契約者側の性格、心理などの影響を受けるリスクである。人の性格、心理などは主観的なものであり、それを科学的・統計的に検討することは難しい。したがって、モラルハザードが保険契約に介入した場合、「収支相等の原則」の達成は困難となり、保険経営が不安定に

＊26＝これは「収支相等の原則」を狭義に解釈したものであり、左辺の保険料Pは、「純保険料」（保険金支払いのために必要な保険料）である。経営的観点から見れば、これに加えて保険会社の事業費等に相当する「付加保険料」が必要となる。実際に保険契約者が支払う保険料は「純保険料」と「付加保険料」を合算した額である。同様に右辺には保険会社の社費や代理店手数料などが加えられる。

＊27＝「確率論の基本法則の一つ。或る事柄を何回も繰り返すと、一定事象の起る割合は、回数を増すに従って一定値に近づくという経験法則、またはそれを数学的に理論化したもの。さいころを何回も振ると六の目の出る割合が六分の一に近づくという類」（『広辞苑 第六版』）。

＊28＝「収支相等の原則」が保険制度全体の安定的な継続を企図したものであるのに対して、契約者と保険会社との間の公平性を求めるものが「給付反対給付均等の原則」である。堀田一吉は、契約者が支払う保険料は、受け取る保険金の期待値（危険度と保険金額の積）と一致するように設定されなければならない。「給付反対給付均等の原則」は、個別契約における公平性を求める原則であり、ミクロ（個別契約）の等価原則を規定するものである。一方「収支相等の原則」は全体としてのマクロ（保険集団）の等価原則を規定していると言う（堀田二〇一一、三七—三九ページ）。

なってしまう。だから保険会社はモラルハザードの介入を徹底して排除しようとしてきたのである。[*29]

第2節　損害保険と生命保険

損害保険と同様に「収支相等の原則」を基盤とする産業がもう一つある。生命保険産業である。しかし、生命保険と損害保険は、同じ保険であっても似て非なるものがある。損保の役割を明確にするために生保との相違点を挙げてみよう。

第一に、その収益構造である。生命保険が、終身や長期の商品が一般的であり、契約者から預かった保険料の運用で利益をあげることが中心であるのに対し、[*30]損害保険は、自動車保険のように一年契約のものが多く、契約者から受け取った保険料と事故の際支払う保険金および事業経費のバランスで利益を出す。したがって、大きな台風などの大災害が発生すると収益が悪化する。たとえば二〇一一年には東日本大震災があり、個人の住宅の地震保険は一兆二三〇〇億円の支払いとなった。[*31]地震保険は国と共同で行われており、別会計なので決算に直接影響はない。しかし、企業が付保している工場などの地震保険（地震保険拡張担保特約）は、そのまま損害保険会社の収益に跳ね返る。この支払いは約六〇〇〇億円であった。そのほか和歌山などで大きな被害を引き起こした台風災害やタイの大水害の支払いも決算に大きく影響した。このように損害保険の場合、「モノ保険」が中心であるという性格上「集積リスク」が大きく、一つの地域で大災害が起これば巨額の保険金支払いが発生することとなる。

一方、生命保険の場合は、損害保険と異なり、すべて「ヒト保険」であることから「集積リスク」はそう大きくない。東日本大震災での保険金支払いは、一五九九億円と損保に比べると相対的に少額であった(社団法人生命保険協会 二〇一三、三ページ)。

第二に、保険金支払いの手法である。生命保険の場合、死亡三〇〇〇万円の契約であれば支払保険金も三〇〇〇万円であるというように定額支払いが基本である。これに対して損害保険は、自動車保険の対人賠償や対物賠償で明らかなように、実損払いが基本となる。自動車事故が発生すれば、現場を確認、過失割合を判断・折衝し、損害額を協定する。人身事故の場合は被害者と面談し休業損害等について打ち合わせを行い、治療が終われば加害者に代わって示談を行う。このように、事故により発生した損害額を的確に算定し示談を行うという専門的な業務知識、ノウハウの蓄積が必要となるが、これらは損保業界が長い年月をかけて培ってきたものである。

しかし、生命保険にもやはり独自のノウハウがある。たとえば医療保険では、交通事故などと違っ

＊29＝モラルハザードとは、厳密に言えば「モラルハザード」(Moral Hazard)と「モラールハザード」(Morale Hazard)に区別される。保険料率を算定するうえでは片方でも不都合はないが、最近では、不正、詐欺などに関係する悪意的性癖(evil tendency)にかかわるものをモラルハザードとし、不注意、無関心、怠惰などにかかわるモラールハザードとは区別するものが多い。前者を「道徳的危険」、後者を「主観的危険」とも称する(姉崎 二〇〇一、二四ページ)。

＊30＝生保の収益には三つの要素がある。「計算基礎を構成する死亡率・予定利率・事業費率がもたらす余剰が、それぞれ死差益・利差益・費差益として、保険利潤を形成する」(水島 二〇〇二、二八―二九ページ)。

＊31＝二〇一二年五月三一日時点で、地震保険の支払い総額は一兆二三四五億九三一九万四〇〇〇円となっている(社団法人日本損害保険協会、二〇一二年六月二一日発表)。

て、いつ事故が発生(発症)したかが問題となることがある。自動車保険や火災保険の世界では、事故が契約前に発生したかどうかは、よほどの詐欺行為でないかぎりそう問題になることはない。交通事故であれば事故証明書を中心に、いつの事故か、それが契約締結前の事故であるか否かは、容易に検証することができるからである。火災保険も同様である。偶然な事故としての火災発生の日時は客観的に明らかになる。

しかし、医療保険などはすこし事情が異なる。人間にはだれでも多かれ少なかれ既往症がある。それが契約後発症した疾病と因果関係があるのかどうか、あるとしたらどの程度なのか、はたして保険金支払いの対象となるのか、等々の問題が生じる。単に契約時の告知書だけでは判断できないことも多い。契約者の善意、悪意を問わず生じるさまざまな症例を、きちんと調査し的確に判断する専門的な知識、体制が不可欠となる。

第三に、契約の募集形態である。損害保険の場合、契約募集の大半を損害保険会社から独立した代理店が行う。代理店には、自動車のディーラー、修理工場、大企業の別働隊としての子会社、プロの専業代理店など、さまざまな形態がある。個人もあれば法人もある。一社専属の代理店もあれば、数社と取引を行ういわゆる乗合代理店もある。ただ、いずれも損害保険会社から独立した事業体である。一九九〇年代後半からの保険の自由化により、代理店を介さずインターネットや郵送で直接保険募集を行うダイレクト損保が増加してきたが、二〇一二年度保険料総額の九二・〇%が代理店扱いとなっている。[*32]一方、生命保険の場合、逆に契約の大半が保険会社の外務員によって担われている。すなわち、生命保険会社の社員自らが直接保険募集を行っているということである。

また歴史的に損保会社と生保会社の経営が分離してきたことにも根拠がある。今は損害保険も個人契約がかなりの割合を占めているが、かつては企業契約が中心であった。したがって、企業の利益のために個人の生命保険事業収益が使われないようにと、生保と損保は長く分離されてきた。

このように損害保険と生命保険には、それぞれ異なった収益構造、募集形態、業務知識・ノウハウの理論的・実践的蓄積があり、独自の社会的「役割」が存在するのである。

第3節　損害保険産業の変遷

金融ビッグバンと日米保険協議

損害保険産業は、規制緩和・自由化の流れの中で大きな変貌を遂げてきた。

一九九六年一一月に発表されたいわゆる日本版「金融ビッグバン」と、それにともなう同年一二月の日米保険協議の決着が、損保産業激変のスタートと考えられる。

日米保険協議とは、アメリカの大手保険会社の意を受けたアメリカ政府が、日本政府に対して、損害保険、とりわけ自動車保険の「自由化」を強く求めてきたものである。

＊32＝社団法人日本損害保険協会(二〇一三、一一ページ)。

しかし「自由化」と言いながら、一方で、アメリカの保険会社の既得権益であるガン保険や医療保険などのいわゆる第三分野の商品は日本の大手保険会社には販売させず、一方的に日本のマーケットの開放だけを求めるものであった。当時、アメリカ最大の保険会社アメリカン・インターナショナル・グループ(AIG)のグリーンバーグ会長がクリントン政権の最大のスポンサーであった事実が、事の本質を表している。

こうしたアメリカ政府の要求は、一九九四年から毎年、「年次改革要望書」として日本政府に提出されてきた。正式名称は「日米規制改革および競争政策イニシアティブに基づく日本国政府への米国政府要望書」であるが、その中の主要な「要望」に「保険」があったのである(米国外務省 一九九四―二〇〇八)。この流れの中で一九九六年一二月に強行された日米保険協議の決着は、対等な協議の産物とは言えず、「年次改革要望書」に記載されたアメリカ政府の一方的な要求を日本政府が丸のみしたものでしかなかった。

この決着がいかにアメリカの思惑どおりであったかは、その後のアメリカ外交文書を見れば一目瞭然である。アメリカ通商代表部は、毎年、「外国貿易障壁報告書」を発行している。アメリカから見た「貿易の障壁」、つまり貿易の阻害要因が、「年次改革要望書」で要求した結果、どう取り除かれたかの報告書である。日米保険協議決着四年後の、二〇〇〇年「外国貿易障壁報告書」の保険部門には次のように記載されている。

「合意の実施に対する米国の現政権の緊密な監視により、日本の保険市場の規制緩和は進み、かつては小さかった生保・損保分野における外国企業のプレゼンスも大きく変わり始めている。米国その他の外国保険会社は、第三分野における順調な業績を維持する一方で、近年は生保・損保分野でも、商品開発と革新的なマーケティング、そして直接投資により急速にシェアを拡大している。」

（米国通商代表部 二〇〇〇）

この「合意」というのは、一九九六年の日米保険協議での合意のことである。「合意の実施に対する米国の現政権の緊密な監視」の結果、アメリカの保険会社のシェアがアップしたことが誇らしく報告されている。ガン保険などの第三分野における業績も順調だからと、翌二〇〇一年には、やっと日本の大手保険会社にもガン保険の販売が解禁された。しかし、その時点ではすでにガン保険ではアメリカの保険会社が圧倒的なシェアを占めていたのである。

アメリカ言いなりで、国内の損保や生保、あるいは保険審議会委員や学識者等の意見や意向をまったく無視した一九九六年の日米保険協議での決着に対して、当時の損保協会会長・井口武雄（三井海上社長）は、「国内で満足な論議をしないうちに、米国の圧力に屈した形で決まってしまったことは極めて遺憾」とのコメントを発表した。井口をはじめとして、日本の損保経営者には、少なくともまだアメリカの要求を「圧力」と感じ、日本の損保産業を守ろうとする矜持があったと言えよう。

自由化後一七年間の変遷

このように損保の自由化は、一九九六年一二月の日米保険協議での決着から始まった。したがって、二〇一三年一二月である一七年になる。この一七年間を大きく四つに区切って考えてみよう。

第一の時期は、日米保険協議決着の一九九六年一二月以降の四年間である。年度で言えば、一九九七年度から二〇〇〇年度であり、リスク細分型自動車保険の認可や料率算定会制度の改革など、金融ビッグバンによる諸制度が導入された時期と言える。

第二の時期は、業界再編の四年間である。規制緩和、金融ビッグバンの流れの中で、損保産業が企業合併、再編の波にさらされたのは、二〇〇一年からである。二〇〇一年四月、日本火災と興亜火災の合併による日本興亜損保の誕生を皮切りに、あいおい損保、三井住友海上、損保ジャパン、そして二〇〇四年一〇月の東京海上日動火災と、合併が相次いだ。かつて一九社体制であった日本の損保会社はこのとき一一社となった。

第三の時期は、保険金不払いが発覚した二〇〇五年から二〇〇八年までの四年間である。いわば、規制緩和の歪みが明らかになり、その是正か、更なる規制緩和か、その狭間で揺れ動いた時期と言える。保険金不払い問題が発覚したとき、損保各社の危機意識にはかなりのものがあった。損保業界のリーディングカンパニー東京海上日動を例に挙げれば、二〇〇七年一月、同社の労使協議会で会社側はこう述べている。

「当社は関東大震災や第二次世界大戦など、過去幾多の危機を経験し、その度に社員の尽力により乗り切ってきた。しかし、『外部要因』による過去の危機とは異なり、今回はいわば『内部要因』による危機であり、その意味で当社にとっても、また損害保険業界においても、未曾有の危機の年にあり、一二月二七日に損保協会名でお詫びとお願いの新聞広告を打ったことも、損保協会の歴史上初めての出来事であった。」(『TMNUニュース』二〇〇七年一月二四日付)

このように、損保各社は、少なくとも信頼される損保産業に生まれ変わらなければならないという決意を明らかにした。その言葉どおり、規制緩和・自由化の歪みを正す方向に進むのか、それとも更なる規制緩和・自由化の方向に向かうのか、その分岐点に当時の損保産業はあった。しかし、損保業界が選択したのは後者であった。

第四の時期は、三メガ損保体制の発足から今日までである。三井住友海上、あいおい損保、ニッセイ同和損保三社の、金融持ち株会社による経営統合が発表されたのは二〇〇九年一月である。新たな合併・再編の幕開けであった。そして二〇一〇年四月からいわゆる三メガ損保体制がスタートした。三井住友海上、あいおい損保、ニッセイ同和損保が経営統合し、「MS＆ADインシュアランスグループホールディングス」が発足した。また、損保ジャパンと日本興亜損保も「NKSJホールディングス」という金融持ち株会社の下に経営統合した。新たに発足した二つの金融ホールディングスに東京海上ホールディングスを含めた上位三つのグループで九〇%のシェアを占めるにいたったのである。[*33]

第4節　産業の根幹の揺らぎ

三井住友海上と、あいおい損保、ニッセイ同和損保の三社の統合では、二〇一四年までに、約五〇〇億円のコスト削減を見込むとしている。一方、損保ジャパンと日本興亜損保の経営統合でも、「株主価値の最大化を図」り、経営統合のシナジーとして「業務効率化を実現し、事業費の大幅な削減を目指す」としている。規模の拡大と経営効率化が合併・統合のキーワードと言える。すでに機構改革と称する店舗の統廃合も多くの会社で実施されている。損保各社の営業店舗は、二〇〇〇年度五〇七九店から二〇一一年度三二六二店へと、一一年間で一八一七店が削減された。

こうした、規模の拡大と際限なき効率化路線は、損保産業の社会的役割の阻害につながっている。具体的には、「収支相等の原則」の破壊、損害保険契約募集を担う代理店の「選別と切り捨て」、雇用の劣化、等々である。代理店問題は第3章「損保代理店の現状」で、雇用の劣化は第4章「CSRと労働問題」、第5章「損保における労働時間制度の実態」で取り上げることとし、ここでは損保産業の根本理念である「収支相等の原則」の破壊について述べる。

モラルハザードの排除をはじめとして、保険料の適正な算定と保険経営の安定に留意してきたはずの損保会社が、自ら産業の根幹を掘り崩している。大口顧客獲得競争のための保険料ダンピング競争である。これは、「収支相等の原則」を損保会社自らが破壊するものである。

顕著な例に郵政公社の保険料入札のケースがある。二〇〇四年に郵政公社となった郵便局は、公社化にともない民間の保険をかける必要が生じた。郵政公社発足以前は、国が郵便局のバイクや車両による事故の賠償を行っていたが、その賠償額と事故処理に携わる人件費の合計は約一七億円であった。そこから郵政公社は、一五億円くらいの保険料負担を予定していたようである。ところが、入札において落札した損保会社が提示した保険料は、その三分の一以下の四億一六〇〇万円であった。その結果、損害率（支払保険金／保険料）は三二五％と大赤字で、次年度には保険料の引き上げを余儀なくされた。郵政公社は二〇〇七年一〇月の民営化で郵便事業株式会社となり、現在他の損保会社が保険契約を引き受けているが損害率は高いままである。新しいマーケットに参入するためには赤字覚悟でダンピングを行うという典型的な例である。

現在の損保業界では郵政公社のようなケースはもはや例外ではない。一見公正に見える保険料入札を通じてのダンピング競争が当たり前となっている。[*34]

品川正治は、保険料ダンピングについて、危険を数値化し警告するというリスクマネジメントの役割をも放棄するものときびしく指摘する。

＊33＝損保ジャパン総合研究所によれば、アメリカの損保会社数は日本よりはるかに多い。二〇一二年度で二六一六社ある（損保ジャパン総合研究所 二〇一四、二三ページ）。イギリスも八〇〇社以上である。日本の損保産業は、先進国では先例のない寡占市場に向かっていると言える。

「損保は危険を数値化して、それを社会に警告し、その役割を果たさなくてはならない産業である。なのにダンピングをするということは、その社会的役割の放棄と言わざるを得ない。」「ダンピングはその企業の営業政策の範囲の問題ではなく、損保事業としての任務の放棄につながっている。」(品川 二〇〇六a、一四四ページ)

規模の拡大と効率化路線によって安定的な経営も損なわれている。生命保険と損害保険の、いわゆる相互乗り入れが実施されたのが一九九六年である。同年四月施行の新保険業法によって、子会社方式での生損保兼営が可能となり、損保一一社が生保子会社を、逆に生保は六社が損保子会社を設立した。生損保兼営・相互参入は、アメリカ政府とアメリカ保険業界の強い要請に基づき、日本版金融ビッグバン施策の一環として推し進められてきたものである。金融ビッグバンの目的が「銀行・証券・生保・損保の垣根を取り払い、総合的な金融サービスと、多様な商品を国民に提供できるようにする」というものだったからである。子会社設立の必要性や体制の有無にかかわらず、まず推進ありきだったと言える。

しかしその後の推移はどうであろうか。現在、損保、生保それぞれの子会社も淘汰・再編、あるいは撤退し、多くが元の形をとどめてはいない。[*35] 損保も生保も社会性・公共性を有する産業である。[*36] ある会社が撤退・消滅し他の保険会社に統合されるとなれば、保有する契約は新会社に移管される。契約者にとってみれば、一片の通達によって、加入した保険会社が一方的に変更させられることになる。とりわけ生命保険契約は終身や長期契約が大半であり、契約者に与える影響は大きい。わずか十数年で信用・信頼を旨とすべき保険会社が消えていく状況は、社会的役割の放棄そのものである。

第5節　損害保険の原点

「根源的なCSR」の実現のために、「株主重視主義」と二〇〇八年金融危機でのAIGの経営危機の教訓から損害保険の原点を考えてみよう。

＊34＝保険論の水島一也は、料率切り下げ競争の行き過ぎは保険市場の混乱につながると危惧する。「現実においては、費用構造が企業間において相違するために、競争過程にある保険企業が自己の費用構造をかえりみない料率設定を行う可能性は少なくない。また、保険金支払いに当てられるいわゆる損害原価が事前的には確率的にしか把握されえず、その確定には保険期間終了を待たねばならないという事情もある。冒険志向的な経営者の主観的判断による料率切下げが行われ、それが保険企業の支払不能をふくむ市場の混乱を招来する可能性は小さいとはいえない」（水島二〇〇二、一〇五ページ）。

本間照光（青山学院大学）は、今日の状況を「リスクを管理し社会を安定させていく機能」の喪失ととらえ、その起点が一九九四年と九六年に結ばれた日米保険合意だとする（本間 二〇一三、一六一―一六九ページ）。

＊35＝一九九六年に生命保険会社が設立した損保子会社で、実質存続している会社は一社もない。

＊36＝保険制度が公共性を有する理由について、保険学の近見正彦は、巨大な保険団体が構造上必然の結果として形成され、その団体にはきわめて多くの独立した経済主体が参加していることから、制度の的確な運営は数多くの経済主体に大きな影響を及ぼすこと、また保険が私たちの生活に密接に関係しており、運営が正常かつ適切になされることが社会に大きな影響を与えることになることを挙げている（近見二〇一一、二〇―二一ページ）。

損害保険と株主重視主義

「株主重視主義」とは、株式市場から見てよい会社かどうか、すなわち株価が高いかどうかが会社評価の唯一のメルクマールとなるということである。したがって、株主からの要求もこのことに収斂される。[*37]

たしかに収益力の高い損保会社が株式市場から見て「よい損保会社」であり高く評価される。しかし、その損保会社が、顧客サービスの面で「よい損保会社」であるとはかぎらない。両者が一致する保証はないのである。

次のように想定してみよう。A社は自動車損害サービス体制の徹底した強化を図った。正社員を中心に適正な人員を投入し人身事故被害者への面談など丁寧な対応を心がけた。一方B社は、正社員は最小限の人員とし多くを嘱託社員などの低賃金労働者とした。被害者対応も極力電話連絡とし効率化を図った。その結果、B社はA社に比して事業費率が低下し収益増を果たした。顧客や被害者にとってはA社がよい損保であろう。しかしこのよさはなかなか業績に反映しない。一方B社の収益増は株価に反映する。こうして、顧客にとってよい損保の方が淘汰される可能性が生まれる。

株式市場からの圧力を考えると、現在損保経営に求められているのは、①保険料増、②保険金支払いの削減、③事業費削減、である。①保険料増はマーケットシェアの拡大につながるものであり、三メガ損保体制のなかでの企業間競争に勝ち抜くためにはまず企業規模の拡大が不可欠であるという考え方に基づいて追求される。②保険金支払いの削減、③事業費削減については、保険会社の支出を極力抑え利潤拡大を図ろうとするものである。前述した「収支相等の原則」を広義に解すれば、純保険料

（保険金支払いのために必要な保険料）＋付加保険料（保険会社の事業費等に相当）＝支払保険金＋事業費となる。この右辺を圧縮すれば必然的に利潤が拡大することとなる。

こうした傾向はますます強まっている。金融持ち株会社への転換がその大きな要因である。三井住友海上、あいおい損保、ニッセイ同和損保の三社の統合は、金融持ち株会社「ＭＳ＆ＡＤインシュアランスグループホールディングス」のもとでの統合であった。その後、あいおい損保とニッセイ同和損保は合併して一つの会社になったが、三井住友海上は単独の会社として残っている。損保ジャパンと日本興亜損保の統合も金融持ち株会社「ＮＫＳＪホールディングス」のもとでの統合である（その後両社は二〇一四年度の合併を発表した）。

金融持ち株会社にはさまざまな問題点がある。

まず、個別会社へのチェック機能の問題がある。上記の各社や「東京海上ホールディングス」傘下の東京海上日動、日新火災などは、上場を廃止し、それぞれの金融持ち株会社に一本化されているから、株主のチェック機能は直接には働かない。

次に、損保産業の「役割」に関する認識欠如の問題がある。個別企業・産業の社会的役割に目を向けず、金融持ち株会社として利益を上げればよいという姿勢が顕著に見られる。

二〇〇五年に保険金不払い問題で金融庁の処分が下されたとき、東京海上日動は営業目標を掲げ

＊37＝その一例として、筆者は、日本興亜損保の筆頭株主であるサウスイースタン・アセット・マネジメントが、二〇〇八年の株主総会で、同社に他社との合併を要求した事実を挙げておいた（松浦二〇〇九、四七―四八ページ）。

ることを「自粛」した。しかし、親会社である金融持ち株会社「ミレアホールディングス」（当時、現在の「東京海上ホールディングス」）は、傘下の最大中核企業が不祥事を起こし「自粛」を余儀なくされてもなお、従来どおりの営業目標を掲げ続けた。また日新火災では、二〇一一年四月、部長の人員を半分に、課長の人員を三分の二に大幅削減させた。東京海上ホールディングスが決めた日新火災の利益目標達成のためである。上記のとおり事業費を圧縮すれば利潤拡大につながる。その事業費の中で大きな割合を占めるのは賃金であり、賃金削減の一番手っ取り早い手法が管理職の削減だったからである。その結果、多くの部長、課長が降格させられ、併せて「希望」退職も実施された。管理職の大幅削減で生じたのが、東日本大震災後における管理職不足である。同社の人事異動は四月に実施される。二〇一一年三月一一日の震災後、被災地から転出する予定であった管理職の人事が凍結された。一方、被災地へ転入する管理職の人事異動はそのまま実施された。被害を被った事務所の復興や地震保険の調査・支払いなどのためである。その結果、被災地の管理職が増員となった反面、管理職空白の拠点が生まれてしまった。この空白を埋めようにもすでに多くの管理職を降格させている。まさか降格させたばかりの管理職をすぐに昇格させるわけにもいかない。部長を半分に、課長を三分の二に減らした影響が早くも現れたわけである。

このように、金融持ち株会社が追求する株主重視主義は、損保産業の社会的役割の阻害につながっていると言える。*38

損害保険の原点

アメリカのサブプライムローン問題に端を発した二〇〇八年の金融危機は、AIGグループの日本法人、アリコジャパンやAIGエジソン生命、AIGスター生命の売却にまで発展した。AIG危機の原因は明瞭であった。本業で失敗したわけではない。クレジット・デフォルト・スワップ(CDS)というAIGグループ事業の一割にも満たない金融保証部門が招いた危機である。経済が順調に推移しているうちは大儲けできるが、二〇〇八年のような金融危機ではドミノ倒しで、破綻に至ることになる。保険というのは、最悪の場合のリスクを想定して、アンダーライティングを行うものである。金融保証は保険とは言えない。もはやギャンブルである。なぜギャンブルがだめなのか、保険契約の性格から考えてみよう。保険契約は「射倖契約」だということである。損害保険通信講座のテキストには次のように書かれている。

「契約当事者の一方の給付が偶然の事情に左右される契約を射倖契約という。賭博などがその例として挙げられる。保険金の支払いは、保険事故が起きるかどうかという偶然性に左右されるの

＊38＝田畑康人(愛知学院大学)は、二〇〇五年に発覚した保険金不払い問題について、「この問題は保険理論の基礎や原点を無視ないし軽視した結果である」とし、保険理論的意味のモラルハザード(情報の非対称性)の観点から見れば「保険企業による不払いや支払い漏れという行動は、ことの善悪を無視すれば、経済学的には合理的な行動なのである。したがって、各保険企業が市場経済・市場原理を前提として行動するのであれば、不払い問題は起こるべくして起こったということもできるのである」と述べている(田畑 二〇〇八、一一一—一二五ページ)。

で、保険契約も射倖契約にあたる。賭博は不労の利益を得るものとして、一般には違法とされるが、保険は経済的必要に備える制度であること、さらに強行法的な制約（利得禁止原則など）が課せられていることから、法律上認められている。[*39]」

保険契約は賭博などと同じ性質を持つものだからこそ、そうした危険性を排除しなければならない。したがって金融投機やギャンブルなどに染まってはならない[*40]ということである。

AIGから学ぶべき教訓は明確である。すなわち、ギャンブルや株主重視主義に陥らず、本業にこそ責任を持つということである。しかし、日本の損保会社はAIGと同じ道を進もうとしている。損保ジャパンの櫻田謙悟・取締役常務執行役員（二〇〇八年当時、現社長）は次のように言っている。

「国内損保市場で成長するには、単に保険を売るだけでなく、損保会社が強みを持つリスク対応の商品・サービス全般を提供するサービス産業に転換することが必要だ。一〇年後には『損保ジャパンは昔、保険会社だった』と言われるくらいの変化を目指す。[*41]」

ここでいうリスク対応の商品とは、まさに「クレジット・デフォルト・スワップ」のような商品であろう。櫻田の目指す方向は、「補償機能」の発揮という損保産業に求められる「根源的なCSR」の実現とは相反するものと言えよう。損保は、本来大儲けができない産業であり、歴史的にも理論的にも、その健全性を保つための工夫、規制が行われてきた。ここにギャンブルや株主重視主義が入り込めば産業の基盤そのものが崩壊してしまう。だからこそ、経営者には保険理論の基礎や原点を守り発展させる矜持が必要である。同時に、働くもの一人ひとりに、代理店など損保産業にかかわるものすべてに、この思想が求められている。

＊39＝損害保険事業総合研究所（二〇〇八b、一二ページ）。
＊40＝伊藤国彦は、金融のカジノ化とギャンブル化について、「金融グローバル化が進むほど、裁定取引を通じて金利差を消滅させる作用が働く」「この作用は金融資本をさらなる投機に駆り立てる。世界の金融市場がカジノ化し、金融取引がギャンブル化していく」とし、この傾向に拍車をかけたのがＡＩＧ実質破綻の主因となったクレジット・デフォルト・スワップ（ＣＤＳ）の開発だと指摘する（伊藤二〇一一、一〇六―一〇八ページ）。
＊41＝「フジサンケイビジネスアイ」二〇〇八年八月二六日。なお、櫻田は、二〇一四年度の進発式においても、「例えて言うならば、『損保ジャパン日本興亜って昔は保険会社だったの？』と言われるほどに進化すること」を強調している（二〇一四年四月一日）。

第３章

損保代理店の現状

損害保険契約の九二・〇％（二〇一二年度）を扱う代理店の状況を明らかにする。損保各社の際限なき効率化と業容拡大戦略は、損害保険の募集に携わる代理店政策の面にも色濃く反映している。代理店の数は、小規模代理店の一方的な切り捨てと提携・合併による大型化の方針によりピーク時の三分の一以下に激減した。セーフティネットを広げるという代理店の社会的役割の認識が損保各社にあってはじめて、「根源的なCSR」の実現につながる。契約者との日常的な接点は代理店にあるからである。

第1節　三メガ損保体制と代理店

三メガ損保体制発足後、損保各社は、代理店に対して「ビジネスパートナーとしての繁栄を図る」と言ってきた。しかし彼らは代理店を本当にビジネスパートナーと考えているのであろうか。損保各社の代理店政策の特徴を見ていきたい。

第一は、代理店の「選別と切り捨て」である。二〇〇九年一月、合併・統合発表の記者会見で、三井住友海上の江頭敏明社長（当時、現会長）は「三社合わせて一〇万店の代理店がある。まずは代理店の教育が重要だ。教育でお客さまに説明責任をはたせる代理店を増やす。そうでない代理店には退場してもらうことも必要だ」と述べた。この間、派遣社員・契約社員の解雇や雇い止めが大きな社会問題となってきたが、損保会社が代理店を無理やり「退場」させるのも同じ性格と言えよう。

こうした「選別と切り捨て」方針が顕著になったのは二〇〇八年である。リーディングカンパニーの東京海上日動は、「すべての代理店のすべての募集人が適合性原則に基づく適正な募集行為を確実に実行するため、徹底した募集人共育を最優先事項と位置づけて繰り返し行う」としたうえで、「(それでもだめな場合は)今後の進むべき方向性について膝詰め対話を行い、……適切な進路を相互に確認する」と、暗に代理店契約の解除をほのめかした。

同年、あいおい損保(当時)も同様にこう述べた。「適正な販売態勢を構築する最後の機会ととらえ、不退転の決意で取り組む」。「(レベルに達しない層については)正しい募集のできない代理店を根絶する観点から、三月末までに解除・自賠責種目化への移行を完遂」させる。また、日本興亜損保は「代理店に対して、『挑戦し続けるか否か』の決意を求め、挑戦する決意を持つ代理店と持たない代理店を峻別し、当社は『挑戦する決意を持つ代理店』とともに成長することを目指す」と、代理店が決意を持っているかどうかを上から、つまり保険会社から「選別」するという方針を打ち出した。

しかし、東京海上日動が言うように、すべての代理店が「適正」な募集ができるように、本当に徹底して「共育」するということであれば、問題はなかった。しかし実態はそうではなかった。東京海上日動の手法とその実態を振り返ってみよう。まず、契約者の、保険会社への不信感と代理店への不安の声を解消するための具体的な取り組みとして、適正募集のための「ミニマム基準」を充足することを代理店に求めた。そして次に、この「ミニマム基準」達成層と未達成層に選別し、「ミニマム基準」未達成と判断された代理店には次の二つの道を選択させた。

・他の代理店と提携してもよい、東京海上日動の社名・看板にこだわりがあるという代理店には中核代理店との提携をすすめた（その結果、東京海上日動の代理店ではあっても、独立した事業主ではなくなり他の代理店に吸収されることとなる）。

・他の代理店との提携はいやだ、完全に独立した代理店でいたい。しかし保険会社名にはこだわりがないという代理店には、日新火災の代理店に移行するよう求めた（独立した事業主ではあっても、東京海上日動の代理店ではなくなり日新火災の代理店となる）。

それでは、提携することや日新火災の代理店になることを断ったらどうなったのか。一方的に代理店契約を解除されたのである。

次に三井住友海上である。同社は二〇一〇年四月の「MS&ADインシュアランスグループホールディングス」の発足にあたって、前記のとおり「説明責任をはたせない代理店には退場してもらう」と宣言した。同社では二〇一〇年度末に向けて、営業担当課支社を「大型層代理店」担当課支社、「中堅層代理店」担当課支社に分類する組織再編を行った。ところが「中堅層」の下に、さらに「集約化・解約層」という代理店層があった。この層は、「教育・指導の結果、自立が見込めない代理店」とされていた。

同社の「集約化・解約活動ガイドブック」という文書には、代理店を切り捨てるプロセスが記載されている。まず最初は「話し合い準備」である。「集約化・解約の取組を円滑に進めていくためには、相手を知ることが重要」だと言う。次に、「代理店との課題、目標共有」である。「いきなり、解約や集約化の話題を切り出すことは絶対不可です。まずはきちんとした話し合いの場を設けることを目指してください……そのうえで、課題を代理店と一緒に考え、共有することが最も重要です」と言う。そして次は、「最終期限設定と解約申し入れ」となる。ここで注意すべきポイントとして強調されているのは、「目標を達成できなかったら解約するというスタンスは不可。今後、続けていくのが手数料面や実務面で難しいという理解を代理店自身にしてもらう」ということである。

「課題・目標共有」とは言うものの、いかに問題なく代理店契約を解約するかというマニュアルでしかない。最後のページには、「トラブルの際の相談窓口」として弁護士の一覧表まで掲載されている。まさに江頭の「退場してもらう」という言葉通りのやり方である。

さらにMS&ADインシュアランスグループホールディングスは、二〇一四年度から「機能別再編」と称して、代理店の一方的な他社移行を強行しようとしている。たとえば、「三井住友海上が拠点を構え、あいおいニッセイ同和損保は拠点を有しない地域」に存在するあいおいニッセイ同和損保の代理店は、三井住友海上に移行させる。逆のケースでは、三井住友海上の代理店が、否応なくあいおいニッセイ同和損保の代理店に移行させられる。そうなると必然的に、当該代理店の契約者も保険会社の変更を余儀なくされる。金融持ち株会社の利潤追求のための施策で、代理店ばかりか契約者までもがないがしろにされるのである。

三井住友海上の「代理店移行説得におけるNGワード事例」なる文書(「代理店手交はできません」と記載されている)には、「移行していただけないと、当社の効率化が進みません」がNGの例として挙げられている。まさに「効率化」が本音といえよう。

第二は、地域の代理店を損保会社の直営代理店に統合させようというものである。かつて個人事業主として尊重されてきた専業代理店が、保険会社系列の大型専属代理店の傘下に組み込まれ、単なるセールススタッフとなった。マネジメントは損保会社の社員が出向あるいは転籍して行う。いわば、かつての小規模営業所的な役割を、こうした大規模な専属代理店が担うことになったわけである。東京海上日動で言えば、現在全国に七〇社以上展開している東海日動パートナーズ（TNP）がその典型である。このTNP各社は、東京海上グループが一〇〇％出資・設立した会社である。また、その社長はすべて東京海上日動からの出向社員が務めている。本来独立した「販売部門」であるべき代理店でありながら、東京海上日動という「メーカー」の別働隊として、東京海上日動の代理店政策を直截体現するという役割を果たしているのである。

保険ジャーナリストの中﨑章夫は、こうした代理店の系列化を危惧する。「三メガ損保のもとに寡占化網の構築が進むのと併せて、新たな代理店の囲い込み時代に入ったことを思わせる。……保険会社と代理店ではそもそもその立ち位置が違うだけに、その行く末が心配でもある」（中﨑 二〇〇九、一ページ）。「立ち位置が違う」という中﨑の指摘は、代理店と損保会社の関係を考えるうえで重要な問題提起だと考えられる。

こうした代理店の「選別と切り捨て」、「保険会社の直営化」は損保各社の経営効率化政策に基づいている。たとえば日本興亜損保は、「当社販売網の更なる強化のためには、代理店の大型化・集約化・ローコストオペレーション対応が必要である」と述べている。この「ローコストオペレーション対応」という文言は、現在の損保各社の代理店施策を的確に表している。代理店は単なるコストでしかないということである。コストであるかぎり必然的に、損保会社が代理店に支払う手数料はできるだけ切り下げるほうがよいということになってしまう。つまり現在、損保各社が考えている施策は事業費削減だけであって、代理店の社会的役割を尊重し代理店とともに歩むという姿勢は希薄になったと言える。

第2節 代理店手数料の現状

「代理店は単なるコスト」という考え方が最も顕著に表れているのが代理店手数料の推移である。日米保険協議がアメリカの一方的な要求どおり決着し、本格的な規制緩和・自由化がスタートしたのが一九九六年一二月である。その後代理店の数は、一九九七年三月末の六二万三七四一店から二〇一四年三月末の一九万二〇〇七店へと三分の一以下に激減している。[*42] その大きな理由は、損保各社による代理店手数料の一方的な切り下げで小規模代理店が存続できなくなっていることである。

かつて代理店手数料は、一定の基準を満たす代理店の場合一律であった。たとえば自動車保険で契約者から受け取る保険料が一〇万円、手数料率が一五%であれば、代理店手数料は一万五〇〇〇円であった。ところがここに手数料ポイント制度が導入された。その手数料ポイントが六〇の代理店の場合、代理店手数料は、一万五〇〇〇円×〇・六＝九〇〇〇円と、従来の六〇%となる仕組みである。

＊42＝日本損害保険協会二〇一四年七月二八日発表。

言い換えれば、手数料ポイントが一〇〇であってはじめて、これまでどおりの手数料を得ることができるということになる。そして、手数料ポイントを算定する基準はすべて保険会社によって一方的に決められる。この制度の問題点は、いかに代理店の業務能力が高かったとしても、規模が大きくなければポイントが上がらないことである。

［図表2-1］のデータは、ある損保会社の手数料ポイントの推移を表している。A代理店を例に挙げれば、二〇〇四年度、契約者から受け取った「収入保険料」は四八五〇万円、代理店の報酬となる「手数料」は九四〇万円であった。一方、二〇〇九年度の「収入保険料」は四三七〇万であり、二〇〇四年度に比べ約一〇%ダウンしている。ところがその「手数料」は七〇〇万円と約二五%も削減されているのである。その原因は、A代理店の「手数料ポイント」が二〇〇四年度の九八ポイントから二〇〇九年度の八〇ポイントへと大幅に引き下げられたことにある。

二〇一一年度以降の手数料体系の特徴を見てみよう。損保各社が代理店に求めるのは「規模の拡大」「保険料の増収」である。この内容を最も鮮明に打ち出したのは、東京海上日動であった。同社は、二〇一一年度手数料ポイント改定の背景について次のように述べている。

「一一年度ポイント体系については、代理店手数料を全体として下げ基調とせざるを得ない。」「ここ数年多くの評価項目を導入・廃止してきた経緯にあるが、その結果、代理店さんからは『代手［代理店手数料］ポイント体系における評価項目が毎年変更され続けることで、中・長期的な代理店経営計画が立てづらい』といったご意見を多く頂戴している。」「多くの代理店さんのご意見を踏まえ、評価項目数を大幅に削減し、今後大きく評価項目の変更を行わない、代理店さんにとって『わ

[**図表 2－1**] 代理店手数料ポイントの変遷

A代理店	2009	2008	2007	2006	2005	2004
収入保険料（千円）	43,700	47,600	46,700	48,200	48,000	48,500
手数料（千円）	7,000	7,300	7,700	8,200	9,400	9,400
ポイント（%）	80	79	83	85	96	98

B代理店	2009	2008	2007	2006	2005	2004
収入保険料（千円）	36,300	37,000	36,500	36,700	41,400	40,000
手数料（千円）	5,600	5,600	6,000	6,500	7,900	8,300
ポイント（%）	81	81	86	88	99	101

C代理店	2009	2008	2007	2006	2005	2004
収入保険料（千円）	21,000	20,300	20,500	20,700	21,700	21,500
手数料（千円）	2,800	2,700	2,900	2,900	3,700	4,000
ポイント（%）	62	62	63	65	80	85

D代理店	2009	2008	2007	2006	2005	2004
収入保険料（千円）	15,900	15,300	15,500	16,100	16,200	15,700
手数料（千円）	1,400	1,400	1,400	1,500	1,700	1,900
ポイント（%）	58	61	64	64	75	80

E代理店	2009	2008	2007	2006	2005	2004
収入保険料（千円）	12,300	13,700	14,900	14,300	12,500	12,500
手数料（千円）	1,400	1,900	2,400	2,400	2,200	1,700
ポイント（%）	61	65	92	92	92	90

（ある損保会社のデータを筆者がまとめたもの）

かりやすい』『取組ポイントが明確になる』体系へと改定する。」
「『お客様に品質で選ばれ成長し続ける会社』を実現していくためには、品質を競争力(あるいは他社優位性)まで高めていく必要がある。したがって、一一年度代手ポイント体系以降は、安心品質の態勢整備にとどまらず、安心品質以上の品質や価値をお客様に提供する代理店さんの取組や成果を、一層支援・評価する体系としていく。」

「品質を競争力(あるいは他社優位性)まで高める」とは、保険料を増収し規模を拡大することであり、そういう代理店を評価しようということである。しかし前提に「全体として下げ基調」という方針があるかぎり、手数料ポイントの増加が困難であることは明白であろう。

さらに二〇一三年度、東京海上日動では、仮に保険料が増収したとしても、その増収率が低ければ手数料ポイントが下がる体系を導入した。大幅増収しないかぎり、手数料ポイントは年々下がっていくことになる。その背景には、東日本大震災やタイの洪水などによる収益悪化があると考えられる。これは、「代理店手数料を全体として下げ基調とせざるを得ない」という二〇一一年度の同社方針を踏襲しながら、大災害を口実として更なる手数料ダウンを代理店に押し付けようとするものである。

こうした代理店手数料制度は、二〇〇三年四月からスタートした。それに先立つ二〇〇〇年には大要以下のようなパブリック・コメントが寄せられた。

「代理店と保険会社の従属的な関係が維持されることのないよう、真に両社の自主性が確保されることを切望する。」

「今回の手数料見直しが保険会社の事業費率を低下させる為の一手段に利用されたりしないよう配慮いただきたい。」

「新たな代理店手数料は、単に挙績等のみでなく、代理店の能力、業務内容に見合ったものとすべきである。」


これらの声に対して、金融監督庁(当時)はこう回答している。


「今回の見直しは、損保代理店制度について、行政による画一的な制度を廃止し、損保会社、代理店の自主性を取り入れることにより、より効率的な代理店システムが構築され、消費者のニーズに合ったサービスが提供されることを期待して行うもの。」

「代理店手数料の設定方法は、基本的には、損保会社と代理店が、自由競争の中で、消費者のニーズに対応しつつ、主体的に決めるべき事項。」[*43]

＊43＝金融監督庁「損害保険代理店制度の見直しについて」二〇〇〇年五月二四日。

新たな手数料制度は、損保会社と代理店とがあくまでも「自主的」「主体的」に決めることであるから問題はないというのが金融監督庁の見解であった。しかし、現実には代理店の「自主性や主体性」などどこにも存在しなかったのである。

第3節　損保会社と代理店との関係

今の損保会社と代理店の関係は、イコール・パートナーではない。それは単に今の損保会社の姿勢がそうだからというだけではない。具体的に表れているのが代理店委託契約書である。代理店委託契約書には、代理店手数料について「損保会社が定める代理店手数料規定に従い支払う」と書かれている。手数料は、このように一方的に損保会社によって決められる。しかも、何をもって手数料が高いか低いかを決めるのかという基準の設定も当然保険会社が行う。その結果、今起こっていることは、手数料の相次ぐダウンである。こんな一方的な商取引はない。

この問題を根本から考えてみたい。早稲田大学法科大学院の大塚英明は、代理店の「営業権」の問題を指摘する。*44 代理店は、商法二七条や会社法一六条などに登場する「代理商」という「商人」に該当する。別の言い方をすれば、代理店はひとつの「企業」であり、損保会社とは別の、独立した「事業体」になるわけである。ところで、こうした「企業」には、それぞれ「グッドウィル(good-will)」がある。これは経営学で使われる言葉で、日本語で言えば、「のれん」のことである。代理店にも当然のことながら、この「グッドウィル」が存在する。大塚は、この「グッドウィル」には「営業権」があり、営業上の利益を侵害される企業は、侵害者に対して毅然たる法的処置をとれると述べている。

それでは代理店の「営業権」はどんなときに侵害されるのであろうか。最も大きなものは、委託契約の解除である。代理店委託契約書には「委託契約が解除された場合、代理店は、ただちに保険会社に対して事務および取り扱っていた契約の引き継ぎを行う」という規定が設けられている。代理店は顧客情報もまた損保会社に「返還」しなければならない。しかし、これは妥当なことなのか。大半の契約者は代理店を選んで契約を行う。顧客情報を入手するのも代理店である。損保会社は、本来は別の独立企業である代理店に帰属すべき「営業権」を、一切の対価を支払わずして自らの「グッドウィル」に帰属させていると言えよう。損保会社は、ある代理店と委託契約を解除しても業務にはほとんど支障は生じない。しかし、代理店にとっては死活問題である。大塚は、「損保会社からの解除権の重さと代理店側からの解除権の重さに、象とアリほどの違いがある」と述べている。

社会的にも今、大企業と中小企業との公正な取引関係、メーカーとエージェントとの適正な関係が問題視されている。損保会社が、代理店の社会的役割を認識し、代理店を尊重しようとするのであれば、対等平等な関係の構築が必要である。これは、単に代理店だけの問題でなく、損保産業全体の社

＊44＝「代理業のゆくえ」『保険毎日新聞』二〇一〇年二月一五日—一九日付。

会的役割の発揮にもつながる問題である。損保代理店の役割は、日本の津々浦々にセーフティネットを張り巡らせることである。この社会的役割の認識が今、損保会社には希薄になっている。だから経営効率化一辺倒になってしまうのであろう。しかし、効率を唯一のものさしにすれば、代理店は、契約一件の単価が小さい非効率な契約者には足を運べなくなってしまう。これではセーフティネットの役割を充分果たすことはできない。

ダンピングが日常茶飯事となり、インターネットや通販などの「安い」自動車保険のコマーシャルも、毎日くり返し流されている。インターネットや通販で自動車保険を販売する損保会社の場合、従業員や店舗が少なく代理店に支払う手数料も不要となるため、保険料は従来の損保会社に比して安くなっている。契約者にしてみれば安いに越したことはない。しかし保険料が安ければよいというわけではない。損保は「安心」を提供する産業であり損保固有の「補償機能」が発揮されてこそ保険商品の価値が生じるのである。この機能を果たすうえで代理店の役割はなお重要である。契約者にとっては代理店が最も身近で頼りになる存在だからである。外国保険会社は日本のマーケットに進出するために、代理店を介さずインターネットなどで保険を販売しているが、実はアメリカでも代理店の役割は大変大きい。次の『保険毎日新聞』の報道には興味深いものがある。

「インターナショナル・ビジネス・マシーン(IBM)のコンサルティング・ビジネス部門が二〇〇七年三月に行った調査によると、自動車保険会社は顧客が保険をオンラインで買えるようにするために、長年ウェブに投資をしてきたにもかかわらず、多くのドライバーは代理店経由で保険を買う方を好むと言っている。[*45]」

調査対象の八五％は、たとえ年間保険料が一五〇ドル高くなっても代理店と取引すると答え、その理由として、半数以上が、もし事故にあった場合知っている代理店に相談したいからと述べている。契約者にとっては、何かあったとき（事故が一番であるが）頼りになる代理店の存在が、「安心」なのである。

二〇一一年三月一一日の東日本大震災がまさにそうであった。東日本大震災では、多くの損保社員が、損保に求められる社会的使命を果たそうと、二週間から三週間単位の泊まり込み体制で地震保険の調査・支払いにあたってきた。そして、地震発生後三ヵ月時点ですでに約一兆円の保険金が被災者の手元に届いている。その中で代理店も大きな役割を果たしている。被災地で調査にあたったある損保社員は次のように述べている。

「この三日間、毎日大船渡です。うれしいのは、すべての被災者が地元の代理店と密着して、地域の代理店さんの勧めで地震保険に入っていることです。代理店さんとのつながりが強い。前回の地震のときはすぐに代理店さんが来て、支払いの手続きをしてくれた。いつもそうだったから

＊45＝『保険毎日新聞』二〇〇七年六月一四日付。

待っていた。その代理店さんが津波で亡くなられたとのこと。事故報告を受けお会いしたところ、代理店さんとのつながりを切々と語られました。これが本当の代理店の在り方でしょう。」

東日本大震災では、多くの代理店が、自らも被災しながら契約者の安否確認と保険金支払いの援助に全力を挙げてきた。これこそセーフティネットという損保代理店の社会的役割の発揮と言える。品川正治は損保会社と代理店との関係について次のように述べている。

「全国の隅々まで代理店制度を通じてセーフティネットを張りめぐらして、国民生活を守り得る力を持ち……代理店のフォーカスとなり得る力を持った損保会社が必要だということです。」(品川 二〇〇六a、一四五ページ)

こうした代理店の社会的役割の認識が損保各社にあってはじめて、「根源的なCSR」の実現につながる。契約者との日常的な接点は代理店にあるからである。

第４章

CSRと労働問題

本章ではCSRと労働との関係について論じる。それぞれの企業・産業が固有にもっている社会的役割の発揮こそが「根源的なCSR」であり、その根幹には労働の問題があるというのが筆者の考え方である。したがってCSRと労働との関係では、企業が人間尊重の精神を遵守しているかどうかという視点のみならず、現状の人員体制で社会的役割が充分発揮できているかどうかという視点が不可欠である。雇用・労働分野の規制緩和の流れの中で、損保業界においても、人員削減、長時間労働・サービス残業の増大、異業種雇用の増加などによって「雇用の劣化」が生じてきた。ここでは、こうした「雇用の劣化」が損保産業の固有の役割である補償機能の低下をもたらしていることを明らかにする。

第1節　「雇用の劣化」とCSR

今、非正規雇用の増大、正社員の長時間労働、賃金切り下げ、一方的な人員削減・解雇等々、「雇用の劣化」が問題視されている。「雇用の劣化」はCSRと深くかかわる問題である。CSRは、ヨーロッパでは、経済のグローバル化とともに顕現してきた多国籍企業の横暴を規制しようと始まった運動である。したがって、EUでは雇用問題や働くルールがCSRの大きな柱となっている。[*46] 一方、日本の財界は、第1章で述べたようにCSRの目的を「競争力の源泉」「企業価値の向上」に置き、雇用問題にはほとんどふれようとしていない。そればかりか「企業価値の向上」のためにと労働の規制緩和を推し進めてきた。

この問題について、厚生労働省設置の研究会の「中間報告書」は次のように述べている。[*47]

「企業は社会の一員であり、社会と無関係であり得ない存在であることにかんがみると、社会の多様なステークホルダーへの影響を十分に考慮しながら活動を行っていく必要がある。そうした取組みは、環境負荷の軽減や消費者の安全対策など多岐にわたるが、従業員をはじめとした『人』に関する取組みについては、他とは異なる特別な考慮が必要になるものと考えられる。例えば、環境負荷を軽減するに当たっては、経営資源を別な物に置き換えることによって対処できる場合があるが、従業員は多様な個性と能力を有しており、従業員の健康が損なわれ、消耗したからといって必ずしも代替がきくものではない。」

「したがって、従業員の働き方等に十分な考慮を行い、かけがえのない個性や能力を活かせるようにしていくことは、『社会的公器』としての企業にとって、本来的な責務であるということができる。しかしながら、近年、企業間競争の激化等によって長時間労働やストレスが増大したり、女性の登用が十分に進まないなど、働き方の持続可能性や公平性に照らして懸念される状況が多くみられる。こうした中、『人』の観点からも持続可能な社会を形成していくことが重要となって

＊46＝経済産業省の藤井敏彦は、欧州のCSRは二つの明確な起源を有していると言う。一つは若年失業問題の深刻化に悩んだ政府が産業界に問題解決への協力を「社会的責任」として要請したこと。もう一つはアンチグローバリズムの動きである。この二つの起源は時間的にもほぼ同時期に姿を現しているとし、アンチグローバリズムで言えば、ナイキのベトナム工場での児童労働問題が発生した一九九〇年代中盤以降であるとする（藤井 二〇〇七、九ページ）。

＊47＝厚生労働省「労働におけるCSRのあり方に関する研究会中間報告書」、座長・谷本寛治一橋大学教授（二〇〇四年六月二五日）。

おり、社会的基盤の損失にもつながる行き過ぎた利益至上主義に対し、従業員、求職者等のステークホルダーに対する考慮を強調するCSRの考え方は、企業や市場のあり方を変革し、社会の持続可能性を保持していく上で重要性を増してきている。」

「中間報告書」は近年の雇用環境悪化に警鐘を鳴らすものであり、従業員や求職者に配慮するCSRを「社会的基盤の損失にもつながる行き過ぎた利益至上主義」に対抗するものとして位置づけている。これまで日本におけるCSRでは重視されてこなかった労働問題にスポットが当てられたことについては大いに評価できると言えよう。しかし、CSRと労働問題との関係を明確にするには、さらに具体的な二つの視点からのアプローチが不可欠である。

第一に、企業が、不法行為、不当労働行為など労働者の権利侵害をもたらす人間尊重の精神に反する行為を行っていないかという視点である。第二に、企業が、「根源的なCSR」、すなわち、それぞれの企業・産業が固有にもっている社会的役割を発揮しているか、そのための適切な人員配置がなされているかという視点である。

第一の視点で言えば今、電器産業をはじめとして多くの大企業で「人格権侵害」[*48]の退職強要が行われている。問題はこれが一部のいわゆる「ブラック企業」で起こっているだけではないということである。たとえば『朝日新聞』で報道され広く知られることになった「追い出し部屋」の存在がある。ここには名だたる大企業が名前を連ねている。[*49] 非常に巧妙なやり方がマニュアル化され、労働者の権利の侵害が日常不断に行れていると言えよう。損保産業も同様である。詳細は第3節で触れるが、「希望」退職の名のもとに「指名解雇」にも等しい退職強要がまかり通っているのである。

第2節 損保産業における「雇用の劣化」

ここでは、第二の視点から、「根源的なCSR」と「雇用の劣化」について述べる。「雇用の劣化」によって「根源的なCSR」が発揮できなくなっている状況は、今すべての産業に共通している。むろん損保産業も例外ではない。損保における「雇用の劣化」とその影響を考えてみよう。

「雇用の劣化」が生じたのは、大きくは一九九〇年代初頭、規制緩和の流れがアメリカの圧力もあって日本政府の政策の中心となりはじめてからと言えよう。規制緩和の柱として、金融、保険、農業などとともに雇用・労働問題がクローズアップされてきた。

非正規労働者の増大など、今日の雇用問題を語るとき必ず引き合いに出されるのが、一九九五年の

＊48＝島田陽一(早稲田大学)は、人格権とは「人格の精神的側面および身体的側面にかかわる諸利益を総合的にとらえる権利概念であ」り、労働者の人格的利益には次の二つの側面があると言う。「第一は、労働契約の締結主体としての労働者の人格的利益である。そして第二は、労働契約にもとづいて労務を給付する主体としての労働者の人格的利益である」(島田 二〇〇〇、四―五ページ)。

＊49＝「これまでに明らかになった『追い出し部屋』の状況」(『朝日新聞』二〇一三年四月八日付)で社名が挙げられた会社は、パナソニック、ソニー、NEC、ノエビア、セイコーインスツル、東芝、朝日生命、日立製作所、コナミ、である。

日経連（当時、現日本経団連）報告書、「新時代の『日本的経営』――挑戦すべき方向とその具体策」である。その内容は従来の雇用形態を、①長期蓄積能力活用型、②高度専門能力活用型、③雇用柔軟型、に区分けし、①の長期雇用者と②、③の有期雇用者を組み合わせた「自社型雇用ポートフォリオ」[*50]の導入を企業に求めるものであった。要するに、従来の終身雇用者を大幅に削減し、有期の流動化する雇用者に代替させるというものである。

①のグループは、管理部門や技術部門の少数の基幹労働者で正社員である。賃金は月給制か年俸制で、成果主義賃金が導入され、いくら長時間働いても一定の残業代しか支払われない裁量労働制の対象となる。

②のグループは、技術者や企画、営業の「専門分野」で働く労働者とされ、その労働条件は「有期雇用契約」で昇給なしの年俸制である。賞与は成果配分とされ退職金はない。

③のグループは、生産や営業の現場で働く「一般職」で、パートやアルバイトなど、出し入れ自由の「有期雇用契約」である。賃金は時間給で昇給もなく退職金もない。

②、③のグループの形成のために派遣労働者の活用等が政策的に用意された。それが労働法制の規制緩和である。

二〇〇一年四月に小泉政権が誕生し、規制緩和が一気に推進された。小泉構造改革を一言で言えば、アメリカの要求に応え、規制緩和の流れを政府と財界の政策の中心とすることであった。この規制緩和の柱として取り上げられたのが、金融、証券、保険、農業、教育、そして雇用・労働である。労働分野における規制緩和の柱の一つは、二〇〇四年の派遣業務を製造業まで拡大した労働者派遣法の改正[*51]であり、もう一つは、ホワイトカラー労働者の長時間労働・サービス残業を「合法」化する裁量労働制の拡大である。この影響を強く受けたのが損保業界であり損保労働者であった。

裁量労働制の導入は、損保業界で恒常化していた長時間労働・サービス残業をさらに拡大する[*52]とともに、人員の大幅削減をもたらした。自由化後の一〇年間で従業員数は、二三・五％の減少となったのである。[*53]

異種雇用と非正規雇用の増大の影響としては、企業の要員構造がまったく変わってしまったことが挙げられる。要員構造の変化の実態を把握するために、自動車保険損害サービスの現場を例に見てみよう。自動車保険損害サービス業務は、自動車事故が発生した際、その事故の内容を調査し解決を図るものである。事故の報告が入ると、事故内容を詳細に聴取し、事故現場と事故車を確認するととも

＊50＝投資で、複数の株式や債権を組み合わせたものを「ポートフォリオ」というが、そこからさまざまな形態の雇用の組み合わせを「雇用ポートフォリオ」と表現した。

＊51＝長期雇用システムを前提に一定の専門業務に限定した労働者派遣法が制定されたのは一九八五年である。一九九九年、派遣事業の対象業務について、法制定以来のポジティブリスト（限定列挙）方式を改め、港湾運送、建設、警備、医療関係、製造工程以外の業務については労働者派遣を行うことができるというネガティブリスト（原則自由化）方式を採用する改正が行われた。そして二〇〇四年には製造工程にも派遣が行えるようにするとともに、「専門」二六業種については、派遣可能期間の規制が撤廃された。

＊52＝裁量労働制の導入は一九八七年である。これは特定の専門業務に従事する労働者について、実際の労働時間にかかわらず一定の労働時間数だけ労働したものとみなす制度である。一九九八年には、特定の専門的業務だけでなく、本社等で企画・立案の業務を行う労働者についても適用できる「企画業務型裁量労働制」が新設された。さらに二〇〇三年には、本社等以外の事業所でも適用できるように法改正がなされた。

＊53＝従業員数は、一九九五年度一〇万三二八八人から二〇〇四年度七万九八二六人と二万三四二六人、二三・五％の減であった（大阪損保革新懇 二〇〇六、二八ページ）。

に、事故の責任割合等を調べ、相手の加入している保険会社と折衝するという流れになる。さらにけがをともなう人身事故の場合には、けがをした相手に男性社員が面談し、治療費、休業損害、慰謝料等の賠償内容を説明していくことになる。この人身事故対応は、かつてはほとんど正社員が担っていた。さまざまな被害者に対して、被害者の信頼も得ながら適正な保険金を支払うには、幅広い業務知識と経験が必要だからである。しかし現在は、どの損保会社でも人身事故担当者の大半は自衛隊ＯＢや警察ＯＢ、その他の業種から転職した嘱託社員や専門職社員となっている。彼らを正社員とは別テーブルの賃金体系とすることで、大幅な人件費の削減が見込まれるからである。*54 他業種からの中途採用そのものが問題なのではない。人件費削減だけを目的とする方針によって、人身事故担当者の専門性の低下を招いていることが問題なのである。

そうした状況下で生じたのが、二〇〇五年に発覚した保険金不払い問題である。

自動車保険の自由化後、損保業界では契約者のニーズを名目としてさまざまな「特約」が開発された。損保各社は、収入保険料を増加させるために、こうした「特約」を付帯した保険商品を競って販売した。ところが、「特約」付帯のために保険商品が複雑化したにもかかわらず、その対応のために必要な体制を整えるどころか、前述のとおり、逆に人減らしと異業種からの雇用や非正規雇用をどんどん増やしてきたのである。とりわけ、自動車事故損害サービス部門にその傾向が強かった。人減らしによる過重労働と異種雇用、非正規雇用の増加という「雇用の劣化」の結果、複雑な保険商品の内容が保険金支払担当者に周知・徹底されず、保険金支払いの際に「特約」部分の保険金支払いが漏れてしまうという事態が生じたのである。また、こうした支払漏れをチェックする体制もなく、システムも機能していない。現実に、保険金不払いが発覚するまで、「特約」保険金支払いが適正に行われているかどうかなどが自動車保険損害サービス部門の主要な課題となることはなく、労働現場で日々追求されていたのは、異種雇用や非正規雇用を含めた最小限の人員でどれだけ多くの事案を早く解決させるかということと、いかに支払保険金を圧縮させるかということであった。その結果、社員の多くが、処理しきれないほどの事故件数を抱え、長時間労働や休日出勤を余儀なくされていた。

自由化後十数年にわたって進められてきた人員削減と異種雇用、非正規雇用の導入という「雇用の劣化」が、保険金不払いというかたちで損保業界の「根源的なCSR」の劣化をもたらしたのである。

第3節　三メガ損保体制下での労働問題

それでは、今日の損保における雇用状況を見てみよう。三メガ損保体制の下で損保労働者に何が起こっているだろうか。

＊54＝たとえば日新火災では、二〇〇〇年度から二〇〇四年度の四年間に、総合職社員が一六七二名から一〇七九名へと五九三名、三五％減少した。総要員数は三〇一二名で大きく変わっていないことから、総合職を一般職や嘱託等に転換させたことになる。その結果として、人件費は、二〇〇〇年度の三〇七億六三〇〇万円から二〇〇四年度の一八九億二七〇〇万円へと大きく減少(一一八億三六〇〇万円、三八％の減)した。同社は「要員構造の転換が順調にすすんだ」とこれを高く評価している(日新火災 二〇〇五)。

大規模な合併・統合の目的は規模の拡大と徹底した経営効率化であり、その柱は事業費削減であった。そして事業費削減の柱は人員削減である。三メガ体制発足後すでに複数の会社で希望退職が募られた。

損保ジャパンでは、二〇一〇年一二月、勤続六年以上三〇歳—五〇歳の総合職を対象に希望退職者を募集した。しかし、「希望」退職と言いながら、現実には「指名解雇」にも等しい「肩たたき」が行われた。「やめなさい」とは決して言わない。ただ、「この会社であなたの働いてもらうところはありません」と、会社通達と再就職支援会社のパンフレットを渡すという手法である。

東京海上グループの日新火災では、二〇一一年四月、部長の人員を半分に、課長の人員を三分の二に大幅削減した。第2章第5節で述べたように、人件費削減で、金融持ち株会社・東京海上ホールディングスが決めた利益目標を達成させるためである。その結果、多くの部長、課長が降格させられ、併せて「希望」退職が実施された。五〇歳以上の全国型・広域型全社員と面談する一方、あらかじめ会社がリストアップした社員に個別面談で「退職強要」を行ったのである。同社のマニュアルによればその手法は、対象となる社員に「ダメの烙印を押された以上会社に残っても展望のないことを気付かせる」というものであった。

三井住友海上と金融持ち株会社の下に経営統合した、あいおいニッセイ同和損保では、それまで旧ニッセイ同和損保の水準に合わせてきた標準事務量(一人当たりの業務量)を、旧あいおい損保の基準に合わせるという方針を打ち出した。具体的に言えば、損害サービスの職場で、対物保険と車両保険を合わせて一人六〇件の担当件数を二〇一一年四月に六七・五件に引き上げ、さらに一〇月には七五件の旧あいおい基準にするというものであった。一人当たりの仕事量を二五％増やそうとしたのである。けれどもこの方針は成功しなかった。合併によりさまざまな雇用形態が混在したために、一律に「標準事務量」を設定することができなかったからである。

損保ジャパンと日本興亜損保は、二〇一四年九月の合併前に「適正な要員体制を構築する」という名目で、二〇一三年度、希望退職者の募集を行った。応募条件は、両社とも、勤続一五年以上かつ四〇歳—五九歳のグローバル社員（総合職）で「会社が認めたもの」である。募集人員は各々二〇〇名、合計四〇〇名であった（結果として両社で四六九名が応募）。優遇措置として、①所定の退職金に特別加算金の上乗せ支給、②希望者に対し再就職支援サービスの提供、を行った。問題は対象者全員との面談にあった。「希望」退職と言いながら、「会社が認めたもの」という条件をつけたうえでの全員との面談は、あらかじめ会社が選別した「応募（させる）対象者」に対する退職勧奨を意味していた。現実に水面下では、「この希望退職はあなたのための制度だ」などといった「退職強要」が行われた。さらに二〇一四年度は、四〇歳—五九歳のグローバル社員を対象とした希望退職だけでなく、希望退職制度の対象とならない四〇歳未満の社員に対しても、「転進チャレンジ」という退職勧奨制度を実施し、「必要に応じて」個別面談を行うとしている。明らかに「指名解雇」の隠れ蓑としての制度と言える。両社は三年間で四七〇〇人の人員削減を予定している。すべて事業費削減のためである。

こうした大手社における人件費削減を柱とした事業費削減競争は、むろん三メガ損保グループ以外の損保会社にも大きな影響を与えることになる。二〇一三年度、ＡＩＧグループのＡＩＵと富士火災では六〇〇名の希望退職が実施され、JAグループの共栄火災では四六歳—五九歳の総合職・一般職を対象とした「転身支援制度」という希望退職制度が提案された。また朝日火災では東北などを中心に店舗が大幅に削減された。青森、秋田、和歌山、高知、徳島などには同社の店舗がなくなり、多くの労働者がやめざるをえなくなっている。

第4節 人員削減と「補償機能」の低下

ひたすら規模を拡大する、効率化のためにと従業員を削減する、あるいは一人当たりの業務量を増やそうとする。こうしたことが、はたして「根源的なCSR」を果たすことになるのであろうか。

「顧客満足度」に関する調査の国際的な専門機関である、(株)J・Dパワーアジア・パシフィックが、毎年「自動車保険・事故対応満足度調査」の結果を発表している。[*55] 二〇一二年度の一位は四年連続でAIU、二位が二年連続で富士火災、三位は日本興亜損保であった。この結果を見れば、顧客の評価と企業規模の大きさとは一致していないことがわかる。企業規模の拡大が顧客サービスの向上につながるとは言えないのである。同社は「対応窓口となる担当者の顧客を安心させるサポート体制構築が事故対応満足度を高め、ひいては顧客を維持するための大事な要素である」と指摘している。

要は、迅速で丁寧な契約者対応がなされている会社の評価が高かったということである。個々の会社の社員の能力や事故対応の手法が大きく異なることはない。それでは何が評価の違いをもたらしたのであろうか。考えられるのは損害サービス業務に携わる社員の一人当たり事故担当件数である。担当件数が多ければ、迅速できめ細かな事故対応は望むべくもないからである。

実際に、人員削減・効率化政策で自動車人身事故対応業務が様変わりしている。筆者が知る二〇一三年度の事例を挙げてみよう。一つは、「事故で三ヵ月入院し約二年間通院治療したが、保険会社からの連絡は電話だけで一度も面談の申し出はなかった。症状固定後保険会社から示談書が送られてきたが、詳しい説明もなくこれで示談していいのか不安だ」というものである。もう一つは、高次脳機能障害、嗅覚障害の後遺障害が発生した被害者で、やはり示談に関する不安の声である。この被害者も三ヵ月以上の入院であったが、保険会社の担当者が初めて面談したのは退院後しばらく経過してからであり、しかも担当者が被害者の症状を調査するために病院に赴いた際の、いわば付随的な面談であった。

どちらも、損保会社が丁寧に対応すれば円満に解決するケースである。各々の損保会社が、被害者から信頼を得るための努力を充分行ったとは到底考えられない。筆者が損保会社数社の担当者に照会

＊55＝この調査は、自動車保険（任意保険）の事故対応に対する顧客満足度を調べたものである。事故対応満足度の測定にあたっては、六つのファクター（要素）を設定し評価を得ている。六つのファクターとは、総合満足度に与える影響度が高い順に「保険金支払」（四三%）、「事故受付体制」（二〇%）、「事故対応担当者」（一八%）、「調査／認定結果」（一四%）、「修理サービス」（三%）「代車／レンタカーサービス」（二%）である（カッコ内は総合満足度に対する影響度）。調査の対象となったのは、過去二年以内における契約先の保険会社への事故連絡（保険金請求）経験者である（調査対象者には事故経験後に他社に切り替え、現在は他社と保険を契約している顧客も含まれている）。この調査は、二〇一二年五月にインターネットで実施され、六九〇三人から回答を得たものである。

したところ、入院事案については面談を行うものの、逆に入院事案以外はほとんど面談をしていないという回答に接した。社員一人当たりが担当する事故の保有件数が多く、とても出向いて面談する余裕がないというのがその理由であった。

第2節で述べたように、相手がけがをした人身事故の場合、主として専任の男性社員が被害者と面談を行い、治療費、休業損害、慰謝料等の賠償内容を説明する。人身事故対応は、被害者の信頼も得ながら適正な保険金を支払うという大変難しいもので、だからこそ面談が必要となる。人員削減でその余裕がなくなっているとすれば、それは損保固有の社会的役割である「補償機能」の低下であり、さらに損保の主力商品である「自動車保険商品」の劣化である。一般的に経営効率がよいとされるのは、事業費率[*56]が低いことであり、事業費の中心を占めるのは人件費である。人を減らせば人件費も減る。しかし、業務に携わる社員の数が少ないということは、保険会社の利益拡大にはプラスであっても契約者にとってはメリットとはなりえない。

リストラがもたらすものは、社員のオーバーワークによるサービスの低下にとどまらず、中堅若手社員の士気の低下をともなう。管理職が大幅削減される、先輩たちが肩たたきにあう、これを見た中堅若手社員がはたして自らの未来に希望を持つであろうか。社員を大切にすることなしに、企業の健全な発展はありえない。こうしたことは、少し考えればわかるであろう。経営学の高橋伸夫(東京大学)が言うように、「その会社にいて、自分の一〇年後の未来の姿にある程度の期待ももてないような人が、その会社の一〇年先のことを考えて仕事をするわけがない」(高橋 二〇〇四、五一―五二ページ)からである。[57]

品川正治は次のように、経営者の雇用責任を強調する。

「企業のイノベーションとは、利益の最大化を実現することではない。最良の商品を作り、最適のマーケットを見つけ、顧客に最大の満足を与えうるような経営体のあり方を追求することであり、経営者と従業員が力を合わせて追求すべき課題である。雇用形態をメチャクチャにして出来るものではない。最近の若者がニートやフリーターになるのは本当に彼らの意思だと思っているのか。リストラを強行し、とにかく人件費を低くしたいと奇妙な競争をやってきた大企業の経営者は心の痛みを感じていないのだろうか。」（品川 二〇〇六b、一六二ページ）

これはまさに「根源的なCSR」と労働問題に関する至言と言えよう。

＊56＝保険の募集や維持管理のための費用を収入保険料で除した割合を指す。たとえば、東京海上日動で見れば、二〇〇九年度の三四・〇％から二〇一三年度の三〇・二％へと低下している。

＊57＝二〇一〇年の『労働経済白書』は、約二万社の企業の意識を探った二〇一〇年の雇用システム調査結果（回答約三〇〇〇社、回収率一五％）を掲載している。それによると「今後、長期安定雇用のメリットの方が大きくなる」との回答が全体の四九・七％を占めた（とくに変化はないが三三・九％、デメリットのほうが大きくなるが一六・五％）。長期安定雇用のメリットとしてあげられているのは「中堅社員の経験や指導が若手の育成に役立つ」「社内に人材を蓄積することで事業展開に柔軟に対応できる」「仕事を通じ従業員が成長し仕事への意欲を高めることができる」などである。多くの企業が、人的能力の形成は一朝一夕にはできないことに気づき始めていると言えよう。

それぞれの企業が求められる責任をまっとうして「社会的役割」を果たそうとすれば、相応の人員が必要である。しかし、現実には効率化の名のもとに人員削減が行われ、長時間労働で労働者が疲弊するという悪循環が繰り返されてきた。「社会的役割」を果たしうる「根源的なCSR」の実現のためには、長時間労働・サービス残業にこそメスを入れなければならない。[*58]

第5節　損保の労働時間問題

損保における労働時間制度

損保業界における労働時間管理の特徴の一つは、就業時間中の談笑、喫煙などを労働時間から除外するための「私的時間」、「休憩時間」制度の創設であり、もう一つは、「企画業務型裁量労働制」などの「みなし労働時間」制度の広がりである。前者の対象は女性が大半を占める一般職であり、後者の対象は男性が中心の総合職であるという、正規労働者の労働時間管理の二つの側面を表している。[*59]

それでは「私的時間」とはいったい何か。この制度を導入している日本興亜損保の解説書によれば、「日々生じる休憩・職場離脱等で、個別時間としては相対的に短時間な場合」と規定され、喫煙、談笑、化粧などの例が挙げられている。[*60] これらの時間が「非就労時間」として「労働時間」から除外されるのである。また、この「私的時間」は、総合職に一日六〇分、一般職に二〇分、あらかじめ各自のパソコンに初期設定されている。この初期設定時間は、労働者が毎日実態に応じて自己申告で修正入力し、適正に申告されているかどうかは管理職が日々管理することになっている。

日本興亜損保が「私的時間」制度を導入した発端は、二〇〇四年五月に、労働基準監督署が立ち入り検査に入ったことにある。各々のパソコンの稼働時間を基準として算出した残業時間と、実際に支払われていた残業料から算定される残業時間を照合させられた結果、多数の不払いが発覚した。同社は、この時期に相次いで立ち入り検査を受けた損保各社のなかでもとくに厳しい指摘を受け、一五ヵ月遡って不払い残業料の支払いが命ぜられた。実に、一五ヵ月間の不払額が八〇〇万円にのぼった労働者も現れたほどである。

さらに同社は、その後の適正な時間管理のために、新たなシステムの導入を求められた。労働基準局は、労働時間の適正な把握のために使用者が講ずべき、始業・終業時刻の確認および記録の原則的

＊58＝日本の長時間労働は欧米に比べ今も飛びぬけている。労働時間の長短二極分化により減少したとはいえ、森岡孝二によると、総務省の「労働力調査」による二〇〇九年の年間総労働時間は二一〇〇時間である。また「社会生活基本調査」(二〇〇六年)における男性正規労働者の労働時間は週五二・五時間で、これは年間の労働時間に換算すると二七三〇時間になるという。一方、厚生労働省の「毎月勤労統計調査」による三〇人以上の企業の年間労働時間は、二〇〇九年一七六八時間、二〇一〇年一七九八時間となっている。両調査の差三〇〇時間の大半はサービス残業と考えられる(森岡 二〇一一、二ページ)。いずれにしろ、ドイツ、フランスが一四〇〇時間台で推移していることから考えてもその異常さは際立っている。

＊59＝松浦(二〇一二、一五一―一五九ページ)が詳しい。

＊60＝①休憩のための時間―喫煙、喫茶、休息、新聞雑誌閲覧、談笑等　②私用(含む外出)のための時間―私的郵便物の投函、私的預貯金の預入引出、私的電話、インターネット私的閲覧、私的来客面談、着替え、化粧等(同社「勤怠システムQアンドA」より)。

方法として、「タイムカード、ICカード等の客観的な記録を基礎として確認し、記録すること」を挙げた(「ICカード等」にはパソコン入力も含まれるとしている)。[*61] 同社はこの指導に基づき、二〇〇五年九月に、客観的データに基づく労働時間管理として各々のパソコンのON/OFFデータをそのまま始業・終業時刻として反映させる方式を導入した。[*62] ところが、同社は、この時間管理システムに新たな制度を付加した。「パソコンが起動しているからといって、当然に就労しているとは限らない。休憩時間以外にも私用による離席など不就労時間については当然控除されるべきである」と、「私的時間」という制度を作り、それを「自主申告」で従業員に入力させて、各々の労働時間からカットするという手法を導入したのである。

「私的時間」または「休憩時間」制度は、現在、先発の日本興亜損保をはじめとして東京海上日動、三井住友海上という損保大手社に導入されている。いずれも、客観的データに基づく労働時間管理として、各従業員のパソコンのON/OFFデータをそのまま始業・終業時刻に反映させる方式が採用されている。

一方、男性が中心の総合職に適用されているのが「みなし労働時間制」である。ホワイトカラー労働者に対して、「みなし労働時間制」を導入する企業は増えてきている。東京労働局は、ホームページで二〇〇六年(平成一八年)度の「企画業務型裁量労働制」[*63]の導入状況を報告しているが、一年間で四九三の事業所から届けがあり増加傾向が続いているという。そのうち損害保険会社が一一七件とかなりの割合を占め第一位となっている。[*64]

損保労働者の長時間労働の原因の一つに、この「みなし労働時間制」の問題があると思われる。[*65] この制度は、あらかじめ労使で決めた「所定の労働時間」を労働したものとみなし、企業が労働者に一定額の「みなし労働時間手当」を支払うことによって、残業料支払い義務を免れるというものであり、「企画業務型裁量労働制」や「事業場外労働制」などがこれにあたる。

＊61＝二〇〇一年四月六日、労働基準局は「労働時間の適切な把握のために使用者が講ずべき措置に関する基準について」と題する通達を出した。厚労省労働基準監督署監修（二〇〇一）参照。

＊62＝各々のパソコンのシステムの一部に労働時間管理機能が組み込まれている。出社時そのシステムの立ち上げと同時に始業時間が記録され、退社時にシャットダウンすれば終業時間が記録される。立ち寄りや外出などで実態との乖離が生じれば修正される。

＊63＝企業の事業運営に関し「企画」「立案」「調査」「分析」を行う労働者の一日の労働時間を、その実労働時間にかかわらず、労使の委員で定めた時間を労働したものとみなす制度のこと。適用できる事業所は、一九九八年の制定時点では本社・本店に限定されていたが、二〇〇四年から法改正により限定がなくなり、導入する事業所が全国的に増加した。

＊64＝東京労働局（局長・大槻勝啓）が、二〇〇六年の一年間に東京労働局管下の一八労働基準監督署に届出のあった内容を取りまとめたものである。二〇〇三年の届出件数一三八件に対して、二〇〇六年には四九三件と大幅に増加しているが、この背景には二〇〇四年の労働基準法の改定により、対象事業所が拡大された等の要因があると述べている。一日のみなし労働時間は八時間と九時間に集中しているという。

＊65＝労働政策研究・研修機構が、長時間労働・不払い労働の実態について、日本全国三〇〇〇人を対象としたアンケート調査結果を報告している。そこでは次のように分析している。「勤務時間制度で『裁量労働制・みなし労働』の場合、不払い労働時間が長くなる。法律上の『みなし労働時間』が適用されていても、一定の超過勤務手当は支給されなければならない。しかし実際には『みなし労働時間』の適用労働者や裁量労働制で働いている人の場合、『みなし労働時間』を超えて働いていることが多く、その時間分が不払いになっているということを示している」（労働政策研究・研修機構二〇〇五、一〇四ページ）。

▦労働時間概念

「私的時間」「みなし労働時間」の実態については第5章で具体的に分析するが、ここではこれらの制度が導入された背景を簡単に見ておきたい。「私的時間」制度や「みなし労働時間」制度導入の背景には、これまでの「労働時間概念」を変えようとする財界・大企業の企図があると考えられる。日本経団連は、現行労働基準法の労働時間規制の考え方は、現在のホワイトカラーの就業実態とは必ずしも合致していない。ホワイトカラーに対し一律に工場労働をモデルとした労働時間規制を行うことは適切とは言えない、と述べている。「ホワイトカラーは、『考えること』が一つの重要な仕事であり、職場にいる時間だけ仕事をしているわけではない」、「逆に、オフィスにいても、いつも仕事をしているとは限らない」(日本経団連 二〇〇五b、二ページ)というのがその主な理由である。

「労働時間概念」は、労働時間問題の今日的論点と言える。

政治経済学の森岡孝二は、三〇歳代、四〇歳代のフルタイムの男性労働者の週平均労働時間が、ほぼ週五〇時間であること、そのうち四—五人に一人は週六〇時間以上働いていることを問題視し、「週六〇時間以上働くということは、週休二日とすれば、毎日四時間以上の残業をしていることになる」と指摘する。さらに、「今日のホワイトカラーの労働時間が長いのは、サービス残業の横行によるところが大きい。サービス残業は、残業に対する賃金不払いと割増賃金の不払いの二重の違法行為であり、被害金額と被害人数から見れば日本における最大の企業犯罪であり、コンプライアンス違反である」と指摘している(森岡 二〇一〇、二三四—二三七ページ)。

一方、労働経済学の八代尚宏（国際基督教大学）は、「労働者の地位が向上した現代社会では、個人がどのような働き方を選ぶかは、原則としてその自由裁量に委ねるべきであろう」と、大要次のとおり主張する。

労働時間に関しては、ブルーカラーを想定した賃金を労働時間と結びつける規制がいぜん残っている。そうした規制は、個人の自由で自律的な働き方を必要とするホワイトカラー労働には合わない。職場での働き方の改革、方向性は、定型的な業務を派遣やパート労働者に委ね、正規社員は高度な判断を必要とする業務にシフトしていくことである。

米国のように、ホワイトカラー全般を、原則として労働時間規制の対象外とすることが必要だ。

（八代 一九九九、一〇八、一一三七ページ）

森岡と八代との相対立する見解にみられるように、労働時間をめぐる今日の議論の一つの焦点は、「ホワイトカラー労働者の労働時間規制は時代にそぐわない、自由裁量とすべきだ」との主張の是非をめぐってのものである。それは同時に、「使用者の指揮監督下にある以上労働時間である」という、現行「労働時間概念」を肯定するか否定するかの問題でもある。すなわち、現行の「労働時間概念」を踏まえたうえで、労働のルールを確立し長時間労働・サービス残業を規制するのか、それとも「労働時間概念」を根本から覆し、労働時間を労働者の自由裁量に委ねるのかという問題である。

「労働時間概念」の議論は、労働基準法第三二条、「使用者は、労働者に、休憩時間を除き一週間について四〇時間を超えて、労働させてはならない」の「労働させてはならない」の解釈問題として行われてきた。労働法の石橋洋(熊本大学)は、この「労働させ」る時間に関する行政解釈や通説は、労働者が「使用者の指揮命令下に置かれた時間」と解釈できる、と述べている(石橋二〇〇〇、二一一―二一五ページ)。その要点は、手待ち時間のように現実に作業に従事していない時間であっても、労働するために使用者の明示または黙示の指揮監督下にある以上労働時間と解するというものである。[66] 近年の判例も含めて考えた場合、仮眠時間・手待ち時間・作業服の着脱時間などを労働時間と見る考え方はほぼ定着しているようである。それらは職務に準じたもの、あるいは職務に不可欠なものと考えられるからである。[67]

このような現行の「労働時間概念」に照らせば、日本興亜損保の「私的時間」、すなわち就業時間中の談笑、喫煙などの時間は、「使用者の指揮命令下」にある「労働時間」であると考えられる。

八代の、ホワイトカラー労働者の場合は自主的・自律的に働くのだから労働時間規制を行うべきではない、との主張や、日本経団連の「オフィスにいても、いつも仕事をしているとは限らない」という考え方は、当然のことながら現行の「労働時間概念」を否定するものにほかならない。八代も日本経団連も現在の長時間労働やサービス残業の存在を大きな問題だとは考えておらず、むしろそれは「労働者の地位の向上」、「個人の自律的な働き方」の現れであると考えているのであろう。

しかし、「労働者の地位が向上し、自主的・自律的に働いている」という前提は正しいのであろうか。

さらにこのことを前提として創設された諸制度は、はたして「働き方の改革」につながっているのであろうか。この点で、現実に損保で導入されている労働時間制度の分析は、現在議論されている諸制度が労働条件の「改善」をもたらすものかそれとも「悪化」をもたらすものかの一つのメルクマールになると考えられる。

次の第5章では、「私的時間」制度と「みなし労働時間」制度を具体的に分析して、損保業界で実施されている労働時間制度が「根源的なCSR」にとってもつ意味を検証してみたい。

補論 「根源的なCSR」と運輸サービス産業

鉄道、バス、航空の事例を挙げ、「雇用の劣化」が、乗客の「安全」を守るという運輸サービス産業の「根源的なCSR」にどう影響を及ぼすかを考察してみよう。

行き過ぎた合理化の帰結として起こった事故の教訓とされるのが、二〇〇五年四月二五日のJR

＊66＝この「指揮命令下」説に対して、「指揮命令」だけでは足りず、使用者の「指揮監督の下に労働者が職務を遂行している時間」とする有力な学説も存在する。渡辺(二〇〇七、三一四―三一六ページ)、菅野(二〇〇二、二〇一―二〇三ページ)、荒木(一九九一、一二一―一三ページ)などである。

＊67＝最高裁の判断では、二〇〇〇年三月九日に出された三菱重工業長崎造船所訴訟判決が明快である。これは作業服・安全保護具の着脱について争われたものであるが、労基法上の労働時間を「労働者が使用者の指揮命令下に置かれている時間」と定義し、作業服・安全保護具の着脱、準備行為等の周辺的時間は労働時間であると認定している。

西日本の脱線事故である。事故後、JR西日本の経営方針の第一の課題が「安全」をさしおいて「もうけること」であったこと、さらにその利潤第一主義がどのような労務管理と人員体制をもたらしていたのかが明らかになった。経済ジャーナリストの財部誠一は、次のように指摘している。

「なぜJR西日本は安全を犠牲にしてまで利益優先に走らなければならなかったのだろうか。手元に驚くべき数字がある。民営化の寵児ともいうべきJR本州三社が、八七年の発足時から昨年［二〇〇四年］までに合理化した人員数だ。JR東日本は八万二五〇〇人を七万二八〇人へと一五％減少させている。JR東海は二万一四一〇人だったのが二万二八〇人へと、減少率はわずか五％にすぎない。これに対して、JR西日本の人員合理化数は驚きに値する。民営化時に五万一五三〇人だった人員が昨年には三万二八五〇人にまで減っていた。三六％の減少だ。」（『朝日新聞』二〇〇五年五月二八日付）

三六％の人員削減、一方で残された人員を日勤教育（社員の懲罰的な再教育制度）でしめつけ、無理な運行スケジュールで利潤追求をはかる。ここに大事故発生の大きな原因があったのではないだろうか。*68

安全を損なう最大の要因として、経済評論家の内橋克人は労働問題に焦点をあてている。内橋は、航空産業における「契約スチュワーデス」の導入をはじめとした異種雇用の問題を取り上げ、激しく競争している企業は「安全」にはとくに留意するという規制緩和「安全」論に対し、規制緩和先進国アメリカの実例をあげて異を唱えている。規制緩和が生んだアメリカ第五位の航空会社USエアが、それまで死亡事故を起こしたことがなかったにもかかわらず、合併後立て続けに五件の事故を起こし、合計二三二名が亡くなったと指摘している(内橋 一九九五、九四―九五、一〇〇―一〇四ページ)。

規制緩和推進論者はこう言う。飛行機が落ちたら最後、その飛行機会社は乗客に乗ってもらえなくなる、そうした飛行機会社は市場が淘汰する、だからなんの問題もない。これに対して内橋は次のように批判する。「一見もっともらしい論だが、ここで気をつけなければならないのは、では、たまたまその落ちる飛行機に乗っていた人たちはどう救済されるのか、ということである」(同上、九四ページ)。一九九五年のこの指摘が、JR西日本の鉄道事故という形で一〇年後の二〇〇五年に現実のものとなったのである。

＊68＝鉄道や航空会社などの運輸サービス産業の利潤追求と事故の関係については、対立する二つの考え方がある。企業が利潤ばかりを追い求めるようになると、コストのかかる安全対策がおろそかにされ、事故が増えるという考え方に対して、それとは逆に、事故により顧客が減れば、利潤も減る。だから利潤を追求するために、適切な安全対策をとるようになるという考え方である。少なくない学者や評論家は、後者を妥当とし、JRの安全対策については肯定的である。たとえば、金融論の岩田規久男は次のように言う。「東京や大阪などの大都市では、郊外まで延びる私鉄およびJRや、私鉄に乗り入れて郊外までサービスを供給している地下鉄とが、JRに代わりうる路線を運行して、激しく顧客獲得競争をしています。そのため、インフラ整備を怠ったため事故が起きれば、JRは顧客を奪われ、それによって利潤も大きく減ってしまいますから、安全対策を怠りません」(岩田 二〇〇五、一七〇―一七三ページ)。つまり激しい企業間競争があれば安全は確保されるというわけである。しかし、実態は正反対であったことが、多大な犠牲の上に明らかにされた。安全対策を怠らないどころか、「もうけ」のためにと人員が大幅に削減され「安全」は二の次になっていたのである。

また、二〇一二年四月二九日未明に起こった関越自動車道での高速ツアーバス事故も記憶に新しい。七名が死亡、三八名が重軽傷という大事故であった。直接的な原因は運転者の居眠りであるが、交通政策論の安部誠治(関西大学)は、背景に運転者の過労運転を誘発した構造的な要因があると言う(安部二〇一二、三三―三四ページ)。規制緩和によって貸切バス事業参入のハードルが低下し、運輸事業者はコスト削減競争に駆り立てられているのである。

安部は、「運輸事業のような何よりも安全の確保が求められる産業において、過度の競争が組織された場合、それは事業者によるコスト削減への誘因」となるが、労働集約産業であるバスやタクシー、トラック事業では「コスト削減はとりわけ人件費と車両コストの節約に集中的に現われている」と指摘する。さらに、「安全を確保するには一定のコストがかかる。したがって、運賃は安全コストを含んで設定されなければならない。消費者利益で最優先されるべきは、価格ではなく安全の確保である」と強調する(同上、三六ページ)。安部の指摘どおり、コスト削減競争が人件費の削減につながり、賃金カット、日雇い運転者や契約運転者の増大という「雇用の劣化」をもたらしてきたのである。その結果としての大事故である。

安全確保と雇用の問題については、日本航空が今その渦中にある。経営破綻した日本航空は二〇一〇年に会社更生法の適用を申請したが、同年一二月、希望退職者数が目標を下回ったとして、年齢や欠勤日数などを基準に、パイロット八一人、客室乗務員八四人を整理解雇した。雇用契約を打ち切られた労働者のうち、パイロット七六人と客室乗務員七二人の、合わせて一四八人が不当な解雇だとして裁判に訴えた。しかし、東京地裁は「すべての雇用が失われるのを避けるために人員削減の必要があった」として、原告の訴えを退けた。一四二名が控訴したものの、二〇一四年六月、東京高裁は、原告の訴えを棄却し解雇は有効との判決を言い渡した。

判決の特徴は、「整理解雇四要件を適用する」としながら、実際には更生計画を理由にして、四要件（解雇の必要性、回避努力、人選基準の合理性、手続きの妥当性）について充分な検証を行っていないことである。たとえば、解雇の必要性で言えば、稲盛和夫会長（当時）の「経営上、整理解雇は必要なかった」との証言は、判決では「心情の吐露にすぎなかった」とされ、証拠として採用されていない。

この裁判では、安全問題がひとつの大きな争点となっている。今回の整理解雇では、過去に病欠や乗務制限があった労働者がその対象者になっているが、こうした理由がまかり通るなら、たとえ体調が悪くても届けは出せなくなる。体調が悪かったら、それを正直にきちんと申告することこそ運航の安全にとって必要であり、ひいては「空の安全」に貢献することになろう。

もう一つは、解雇者を年齢で区切っていることである。今回の整理解雇で、日航には、五五歳以上の機長と四八歳以上の副操縦士がいなくなった。その結果、従業員構成がどうなるかを示したのが「**図表4-1**」である。全日空と比較すればそのいびつさは歴然としていよう。

原告たちは、これでは「空の安全」は守れず、大事故につながると主張したが、判決は、安全問題についての原告の主張をことごとく退けた。過去に病欠や乗務制限があった労働者については「（会社への）貢献として劣る」とし、解雇の人選に問題はなかったとしている。年齢について判決は、「必要な知識や経験の多寡が年齢と相関関係にあると認めるだけの根拠はない」とし、ベテランを排除することが安全確保のうえで脅威となる根拠はないと結論づけている。しかし「必要な知識や経験」と年齢には相関関係があり、長い経験を経ることで知識や技術もまた積み重なっていくと考えるのが妥当であろう。

「空の安全」については、格安航空会社(LCC)の問題も見逃せない。国内LCC、ピーチ・アビエーションは、二〇一四年四月に、五月―一〇月に予定していた二〇〇〇便以上の運航を中止する方針を決めたが、これは病気やけがで休むパイロットが増え、運航に必要な人員を確保できないことが原因である。根底には劣悪な労働条件がある。運航面で深刻なトラブルも起きている。二〇一四年四月二八日には、那覇空港への着陸前に、海面から七五メートルまで異常降下するという大事故一歩手前のトラブルさえ生じている。このようなトラブルが発生すれば、機体点検などのために、運航を打ち切るという社内規定が同社にはあるという。しかしこの航空機は、那覇に着陸後、関西空港まで運航を続けている。安全のためのルールが実際には守られていないのである。

安全の確保という運輸サービス産業の「根源的なCSR」を実現するためには、乗客の安全を最優先させる経営方針と労働環境の改善が不可欠であると言える。

[**図表 4−1**] 機長の年齢構成比較

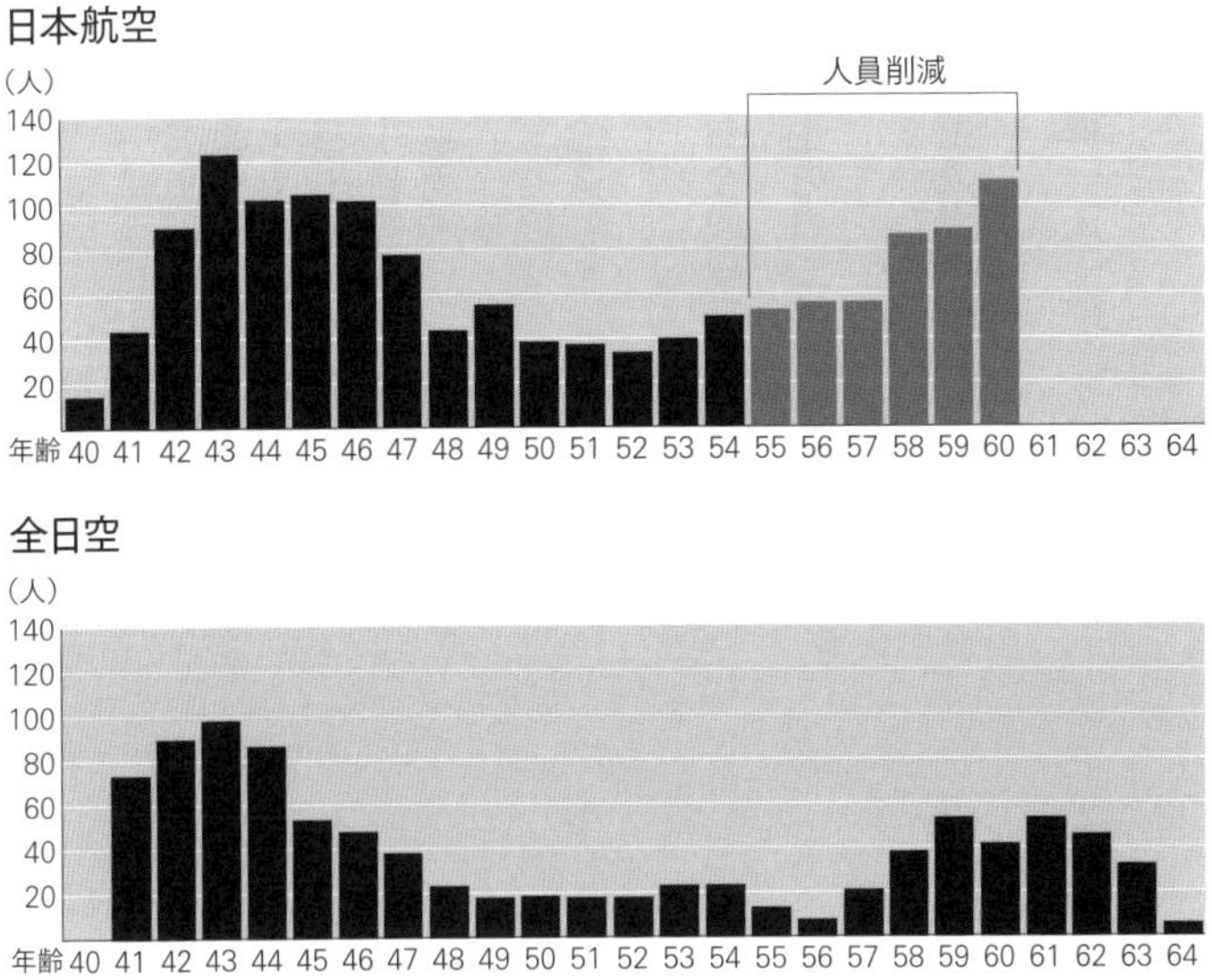

日本乗員組合連絡会議の調査資料から作成。

出所:『しんぶん赤旗』2011年2月4日付。

第5章

損保における労働時間制度の実態

本章では、大手損害保険会社で現在採用されている労働時間制度のうち、「私的時間」制度および「企画業務型裁量労働制」をはじめとする「みなし労働時間制」の実態調査を行い、これらの制度が適正な労働時間管理システムとして機能しているのかどうかを検証する。三メガ損保は、最近のCSRレポートではいずれも働きやすい職場をうたっている。東京海上グループは「安全と健康に配慮した活力ある労働環境を確保し、人材育成をはかります」[*69]と述べている。三井住友海上グループのCSRレポートには「社員が働きがい・成長を実感し、いきいきと働くことのできる環境整備・支援施策の拡充を進めています」[*70]と記載され、損保ジャパン・日本興亜損保グループでは「全社員がいきいきと働き、能力を発揮できる環境を整備する」[*71]と述べている。このとおりであれば何の問題もない。実際にはどうか。労働者の自主的・自律的な働き方を推進する制度として導入された「私的時間」制度や「みなし労働時間制」下の職場の現実を見てみよう。

第1節 「私的時間」制度の実態[*72]

「私的時間」制度の運用実態とデータ

二〇〇六年六月、「労働時間」をめぐる裁判が損保の職場から起こされた。この裁判は、日本興亜損保の自動車保険損害サービスセンターで働いていた女性労働者Xさんが、上司（同センターY所長）の職務上の指揮監督権限を濫用した「パワー・ハラスメント」行為により「うつ状態」に追い込まれ、休業を余儀なくされたとして、その実行者である上司と会社を相手取って起こしたものである。裁判の特徴は、上司の「パワー・ハラスメント」行為の不法行為責任（民法第七〇九条）と会社の使用者責任（民法第七一五条）だけでなく、同社の労働時間管理にも違法性があるとし、同社自体の不法行為責任（Y氏との共同不法行為）をも問うたことにある。ここで争点となった労働時間管理が「私的時間」制度である。

すでに述べたとおり、「私的時間」とは「日々生じる休憩・職場離脱等で、個別時間としては相対的に短時間な場合」と規定されており、喫煙、談笑、化粧などの例が挙げられている。また、この「私的時間」は、総合職に一日六〇分、一般職に二〇分、あらかじめ各自のパソコンに初期設定されている。この初期設定時間は、労働者が毎日実態に応じて自己申告で修正入力し、管理職が日々管理することになっている。

ある労働者が、九時から二一時まで昼休みを除き一一時間働き、「私的時間」を一時間入力したとしよう。その場合の労働時間は［**図表5-1ab**］のとおりである。実際の労働時間は一一時間であるが、同社の規程では、一時間の「私的時間」は「非就労時間」とされ、一〇時間が労働時間となる。なお後述するが、同社では残業の上限時間を決めた「三六協定」が結ばれており、一般職であれば、一日二時間の上限規制が設けられている。したがってこの労働者は本来「三六協定」違反であるが、「私的時間」制

＊69＝東京海上ホールディングス（二〇一三）。
＊70＝MS&ADインシュアランスグループホールディングス（二〇一三）。
＊71＝NKSJホールディングス（二〇一三）。
＊72＝第5章第1節は、「損保産業における『私的時間』の実証分析と労働時間概念」（『経済科学通信』第一二四号、二〇一〇年一二月、基礎経済科学研究所）を基にしている。

度の導入によって違反を免れることとなる。

「私的時間」の入力が現実にどのようになされているのか、日本興亜損保のデータを用いて検証してみよう。日本興亜損保は、従業員約九千人の大手損害保険会社である。使用するデータは、公判資料として開示されたものである。同社の従業員のうち「私的時間」の主な対象となる「一般職A（上位職位）」は九二二人、「一般職B（下位職位）」は一六八一人、合計二六〇三人である。[*73] 職種は、**【図表5-2】**のとおり、各種損害保険契約の引き受けや申込書のチェックを行う「内務事務」、代理店担当の営業社員をサポートする「営業事務」、自動車事故や傷害事故の損害調査・保険金支払いを行う「損害調査」の三つに分類される。

以下では、新たな労働時間管理システムがスタートした二〇〇五年九月から二〇〇六年一月の間に、同社の一般職二六〇三人が実際に入力した「私的時間」を用いる。主な指標は、「私的時間」の一ヵ月ごとの合計を稼働日数で除した、一日平均の「私的時間」である。

【図表5-3】では、二六〇三人全員の月ごとの「一日平均私的時間」を〇分、〇分―二〇分未満、二〇分の初期設定、二〇分以上の四段階に分類した。特徴的なことは、平均二〇分、すなわち一ヵ月のうち初期設定を一日たりとも変更しなかった可能性の高い労働者が多数存在していることである。五ヵ月間を平均すれば、三一・八％の労働者が初期設定の二〇分を一日も変更しなかった計算になる。平均二〇分以外の労働者についても、その「私的時間」を一日単位で検証すれば、初期設定のままの日数はかなりの割合になるであろうことが推測される。[*74]

*73＝このデータは、裁判において「私的時間」制度運用の違法性の有無を明らかにするための証拠資料として同社から開示された。

調査期間は制度発足の二〇〇五年九月から、原告が休業を余儀なくされた二〇〇六年一月までの五ヵ月間である。

[**図表 5−1a**]「私的時間」制度導入前の労働時間

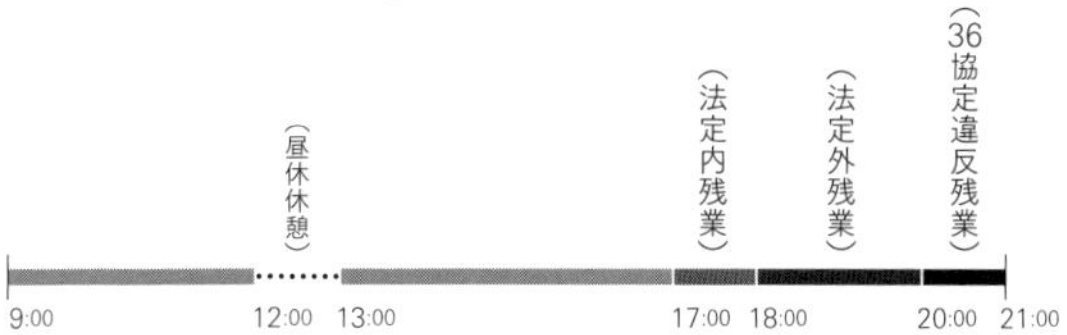

[**図表 5−1b**]「私的時間」制度導入後の労働時間

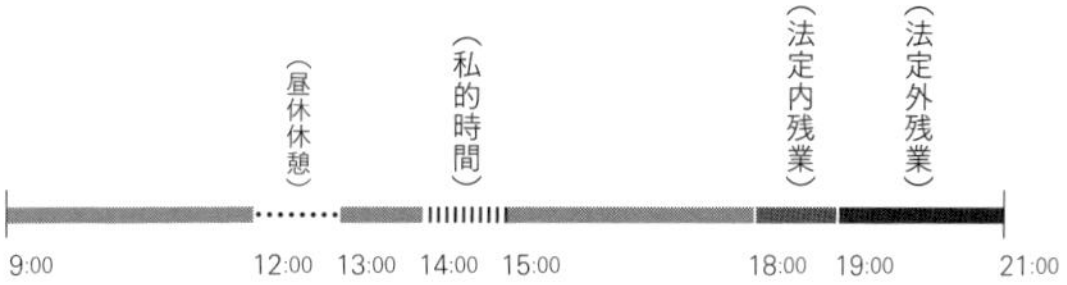

[**図表 5−2**] 対象となる従業員の属性

	内務事務	営業事務	損害調査	合計
全体人数 （%）	636 （24.5）	1,284 （49.3）	683 （26.2）	2,603 （100.0）
上位職位A人数 （%）	344 （37.3）	401 （43.5）	177 （19.2）	922 （100.0）
下位職位B人数 （%）	292 （17.4）	883 （52.5）	506 （30.1）	1,681 （100.0）

[**図表 5−3**]「私的時間」分類表（%）

1日平均私的時間	2005年9月	2005年10月	2005年11月	2005年12月	2006年1月	合計
0分	6.1	7.3	7.9	8.0	8.6	7.6
0分〜20分未満	52.8	38.3	37.2	36.8	35.4	40.1
20分（初期設定）	19.7	32.2	34.4	34.3	38.2	31.8
20分以上	21.4	22.2	20.4	20.9	17.9	20.5
合計 （人数）	100.0 （2,561）	100.0 （2,571）	100.0 （2,579）	100.0 （2,587）	100.0 （2,592）	100.0 （12,890）

5ヵ月間の実人数は2,603人であるが,
当該月に休職などで勤務実績がない労働者は除外しているため,
各月の合計は2,603人に満たない。

「私的時間」の実態

それでは、入力された「私的時間」を労働者の属性によって検証してみよう。

第一は、職位による差である。二六〇三人の労働者を職位Aと職位Bに分類し、その特徴を示したものが**［図表5-4］**である。Aが上位職位、Bが下位職位であるが、「私的時間」二〇分以上の割合を見ると、職位Aの労働者が二四・二％と、職位Bの一八・五％よりも多いことがわかる。職責が重い労働者ほど、就業時間中の「不就労時間」が多いという結果である。

第二は職種による相違である。

［図表5-5］は、内務事務、営業事務、損害調査の三つの職種に分類したものである。三つの職種を比較すると、損害調査の労働者が「私的時間」を最も多く入力している。二〇分以上の割合が、内務事務一九・一％、営業事務一七・一％に対して、損害調査は二八・三％と高い。損害調査というのは、自動車事故などの損害調査・保険金支払いを行うセクションである。契約者から事故の報告が入ると、担当者は事故内容を詳細に聴取して相手側の保険会社と過失割合等の折衝を行い、保険金を支払う。契約者、被害者、相手保険会社、そして修理工場等との電話での折衝が一日中間断なく続く職場である。相対的には席を立ちにくいと考えられるこの損害調査の職場で最も「不就労時間」が多いという不

＊74＝たとえば一ヵ月の稼働日数を二〇日間として、うち一九日間を二〇分の初期設定のままとし、たった一日だけ三〇分に変更した場合の平均は二〇・五分となる。この労働者は一ヵ月間一日も変更しなかった三一・八％の中には含まれない。

[**図表 5−4**] 職位別「私的時間」分類表(%)

職位	1日平均私的時間	2005年9月	2005年10月	2005年11月	2005年12月	2006年1月	合計(%)
A(上位)	0分	5.3	6.1	7.1	6.5	7.7	6.5
	0分〜20分未満	47.9	37.4	36.3	35.8	32.5	38.0
	20分(初期設定)	22.2	31.3	32.7	32.0	38.2	31.3
	20分以上	24.6	25.2	24.0	25.6	21.6	24.2
	合計	100.0	100.0	100.0	100.0	100.0	100.0
	(人数)	(919)	(920)	(921)	(921)	(918)	(4,599)
B(下位)	0分	6.6	7.9	8.4	8.8	9.0	8.2
	0分〜20分未満	55.5	38.8	37.7	37.3	37.0	41.2
	20分(初期設定)	18.3	32.8	35.4	35.6	38.2	32.1
	20分以上	19.5	20.5	18.5	18.3	15.8	18.5
	合計	100.0	100.0	100.0	100.0	100.0	100.0
	(人数)	(1,642)	(1,651)	(1,658)	(1,666)	(1,674)	(8,291)

[**図表 5−5**] 職種別「私的時間」分類表(%)

職種	1日平均私的時間	2005年9月	2005年10月	2005年11月	2005年12月	2006年1月	合計(%)
内務事務	0分	5.6	7.3	7.9	7.9	7.7	7.3
	0分〜20分未満	53.5	38.8	38.5	40.5	37.3	41.7
	20分(初期設定)	20.9	33.8	35.7	31.6	37.3	31.9
	20分以上	20.1	20.1	17.9	19.9	17.7	19.1
	合計	100.0	100.0	100.0	100.0	100.0	100.0
	(人数)	(628)	(627)	(631)	(632)	(633)	(3,151)
営業事務	0分	7.3	8.3	9.3	9.4	10.3	8.9
	0分〜20分未満	56.2	40.3	38.4	38.7	36.7	42.0
	20分(初期設定)	19.4	31.8	34.5	35.0	38.9	31.9
	20分以上	17.1	19.6	17.9	16.9	14.1	17.1
	合計	100.0	100.0	100.0	100.0	100.0	100.0
	(人数)	(1,268)	(1,274)	(1,274)	(1,278)	(1,281)	(6,375)
損害調査	0分	4.4	5.2	5.5	5.3	6.0	5.3
	0分〜20分未満	45.7	34.1	33.7	29.7	31.1	34.8
	20分(初期設定)	19.2	31.6	33.2	35.6	37.8	31.5
	20分以上	30.7	29.0	27.6	29.4	25.1	28.3
	合計	100.0	100.0	100.0	100.0	100.0	100.0
	(人数)	(665)	(670)	(674)	(677)	(678)	(3,364)

自然な結果が出ているのである。これらの結果をふまえると、忙しい人ほど「私的時間」を多く入力しているのではないかという仮説が導かれる。この仮説を検証するために、入力された「私的時間」を被説明変数とし、最小自乗法を用いて推定を行った。説明変数についての記述統計量は**［図表5-6］**に示した。プラスの効果が予想されるのは、職責上、より忙しいと推測される上位職位Aダミー、相対的に席を立ちにくいと考えられる損害調査ダミーである。また中途採用者に比べて定期採用者のほうが企業への忠誠度が高いと考えると、四月一日入社ダミーは正の効果が予想される。同様に勤続年数についても正の効果が予想される。

推定結果は、**［図表5-7］**のとおりである。まず、サンプル全体での推定結果から、上位職位Aダミー、損害調査ダミーは一%水準で有意に正の効果を持ち、勤続年数は五%水準で有意に負の効果を持つことがわかる。すなわち、上位職位、損害調査担当者ほど「私的時間」を多く入力しており、逆に、勤続年数が長い労働者ほど入力時間が短くなる傾向が見られたのである。

次に、サンプルを上位職位Aに限定した場合にも同様の傾向があるが、下位職位に限定すると、勤続年数は有意な効果を持たなくなる。上位職位のように勤続年数の長い者がいる場合には、勤続年数は有意に負の効果を持つものの、全体的に勤続年数が短い下位職位グループでは効果がないと考えられる。

同様に、サンプルを職種別で推定すると、損害調査、内務事務では上位職位Aダミーで正の、勤続年数で負の有意な効果を示すが、営業内務ではどちらも非有意となった。なお四月一日入社ダミーは、いずれの推定においても非有意であった。

[**図表 5−6**] 記述統計量(平均値)

	全体	職位A	職位B	損害調査	営業事務	内務事務
1日平均私的時間(分)	16.6	17.3	16.2	18.5	15.7	16.4
職位Aダミー	0.354	—	—	0.259	0.312	0.541
損害調査ダミー	0.262	0.192	0.301	—	—	—
4/1入社ダミー	0.701	0.790	0.653	0.687	0.679	0.763
平均勤続年数(年)	11.9	23.3	5.7	9.8	10.7	16.6
勤続年数ダミー						
5年未満	0.441	0.000	0.682	0.543	0.477	0.258
5年以上10年未満	0.090	0.014	0.131	0.073	0.100	0.086
10年以上15年未満	0.149	0.184	0.129	0.146	0.151	0.146
15年以上20年未満	0.091	0.201	0.031	0.066	0.091	0.118
20年以上25年未満	0.086	0.217	0.014	0.060	0.077	0.134
25年以上30年未満	0.066	0.178	0.005	0.048	0.058	0.101
30年以上	0.078	0.206	0.007	0.063	0.046	0.157
人数(人)	2,603	922	1,681	683	1,284	636

1日平均私的時間の最大値は80.0, 最小値は0, 標準偏差は8.9である。
また勤続年数の最大値は41, 最小値は0, 標準偏差は10.6である。

[**図表 5−7**] 推定結果(被説明変数が入力された「私的時間」)

	全体	職位A	職位B	損害調査	営業事務	内務事務
定数項	15.3876*** (39.59)	18.3603*** (14.74)	15.2071*** (34.78)	18.7108*** (27.49)	14.8790*** (29.42)	15.8027*** (17.25)
職位Aダミー	2.4728*** (4.10)	—	—	3.2089** (2.53)	1.4356 (1.57)	3.0458*** (2.92)
4/1入社ダミー	0.5783 (1.52)	0.4677 (0.63)	0.5972 (1.36)	0.6504 (0.90)	0.2664 (0.49)	0.8711 (1.06)
勤続年数ダミー	-0.0658** (-2.42)	-0.0765* (-1.85)	-0.0547 (-1.50)	-0.1567*** (-2.84)	0.0157 (0.36)	-0.1013** (-2.20)
損害調査ダミー	2.6697*** (6.78)	1.8209** (2.38)	3.0205*** (6.63)	—	—	—
R^2	0.0245	0.0104	0.0288	0.0135	0.0087	0.0169
Prob＞F	0.000	0.0220	0.000	0.0265	0.0108	0.0130
サンプル数	2,603	922	1,681	683	1,284	636

(　)内はt値。＊＊＊, ＊＊, ＊はそれぞれ1%, 5%, 10%で有意であることを示す。

次に、時系列でみた入力行動の変化を**［図表5-8］**に示した。顕著に表れているのが、初期設定（二〇分）を変更しない労働者の増加である。制度が導入された二〇〇五年九月に、一ヵ月のうち初期設定を一日も変更しなかった労働者は五〇五人であったが、二〇〇六年一月にはその二倍近くの九九〇人へと大幅に増えている。

制度導入時に圧倒的に多かったのは、〇分—二〇分未満者の一三五二人である。この労働者たちがその後どのような入力行動をとったのかを示したのが**［図表5-9］**である。一三五二人のうち、平均二〇分、すなわち初期設定を全く変更しなくなった労働者は、二〇〇五年一〇月には三二〇人、一一月には三六二人、一二月には三六四人、二〇〇六年一月には四〇四人と月を追うごとに増加している。当初「自主的」に入力していたであろうと推定される労働者一三五二人のうち、その三割（二九・九％）にあたる四〇四人が、導入四ヵ月後の二〇〇六年一月には「私的時間」の入力をまったく行わなくなったのである。

その一方で、一ヵ月間すべて〇分に修正するようになった労働者も、二〇〇五年一〇月には八九人、一一月には一〇二人、一二月には一〇三人、二〇〇六年一月には一一八人と徐々に増えている。導入後日がたつにつれて新しい時間管理システムに慣れて、きめ細かい入力がなされるというのではなく、むしろ実態は逆の傾向を示しているのである。

以上の分析の結果からは、職責が重い立場にある上位職位Aの労働者や、損害調査という相対的に忙しい業務に携わる労働者ほど「私的時間」を多く入力しているという実態が明らかになった。これは、

[**図表 5−8**]「私的時間」入力行動の推移

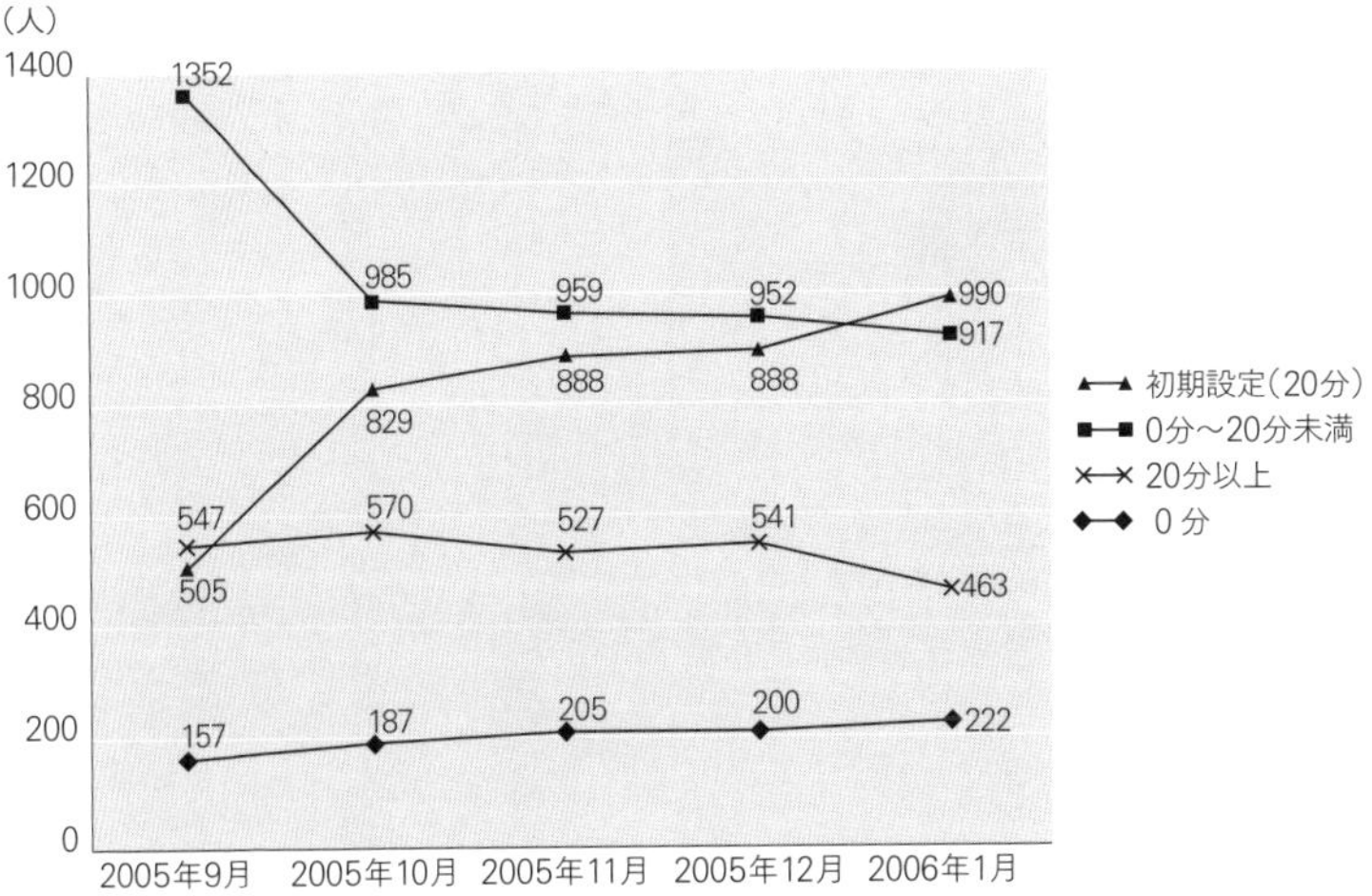

[**図表 5−9**] 2005年9月時点で0分〜20分未満者1, 352人の動向

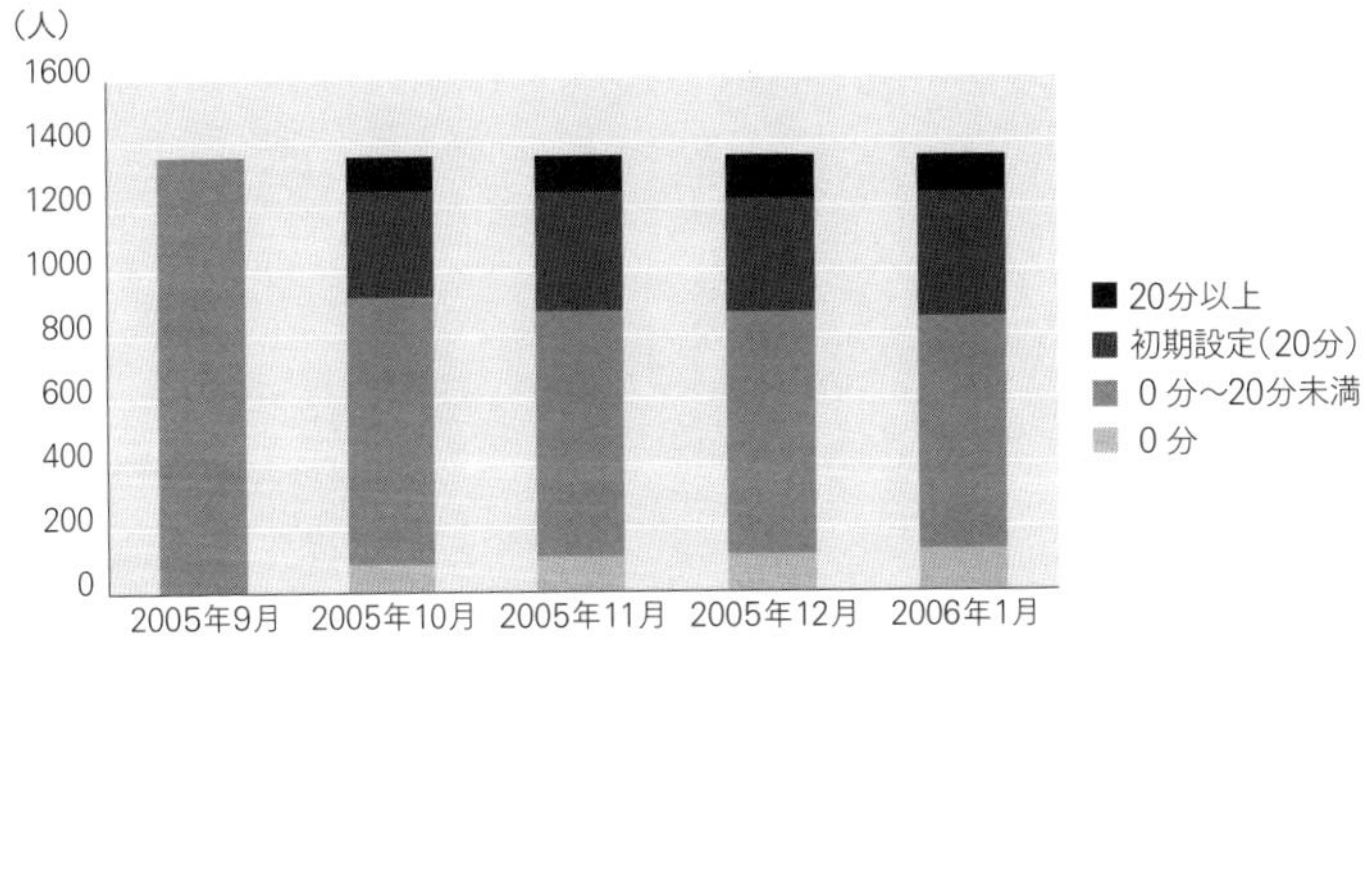

こうした入力行動が会社からの圧力や残業規制、労働者の自己規制によってなされていることを示唆するものである。

さらに、二〇分という初期設定を変更していない労働者が多数存在し、かつその人数が、制度導入後日がたつにつれ増加傾向にあることも明らかになった。これらの実態は、自主的に、かつ適正に「私的時間」の入力を行うという制度導入の趣旨が必ずしも生かされていないことを示している。

■日本興亜損保・サービスセンターの勤務表分析

ところで、これまで分析してきた二六〇三人のデータは、「私的時間」の一ヵ月ごとの合計時間を稼働日数で除した平均値であり、労働者の日々の「私的時間」の入力の実態や実際の労働時間との関係は不明であった。裁判において日本興亜損保は、全国二六〇三人のデータと合わせ、原告と同じ自動車損害調査サービスセンターに勤務する一般職女性一〇名(損害調査)の勤務表を提出した。それをまとめたものが「**図表5-10**」である。

わずか一〇名のデータではあるが、新たな労働時間管理システムが発足した二〇〇五年九月から原告のXさんが休職を余儀なくされた二〇〇六年一月末まで、各々のパソコンのON/OFFデータに基づく毎日の実労働時間と「私的時間」の入力実態が明らかにされている。これらの内容から、これまでの分析結果をさらに検討してみよう。

まず注目すべきは、初期設定(二〇分)を変更していない労働者の存在である。すでに見たとお

[**図表 5－10**] 日本興亜損保・サービスセンター勤務表:「私的時間」分類

会社提出勤務表データ						私的時間		
氏名（職位）	稼働日数	合計私的時間（時間:分）	1日平均私的時間（分）	合計労働時間（時間:分）	1日平均労働時間（時間:分）	20分（初期設定）回数	20分以上の回数	20分未満の回数
X(A)	91	0:20	0.2	832:29	9:09	1	0	90
2(A)	92	61:20	40.0	782:12	8:30	34	58	0
3(A)	90	52:40	35.1	757:09	8:25	50	39	1
4(B)	91	43:30	28.7	739:47	8:08	50	40	1
5(B)	69	27:25	23.8	552:55	8:01	62	7	0
6(B)	95	34:42	21.9	759:11	7:59	89	6	0
7(B)	92	30:55	20.2	738:10	8:01	83	4	5
8(B)	94	26:50	17.1	730:16	7:46	71	3	20
9(B)	97	27:00	16.7	739:39	7:38	62	7	28
10(B)	94	4:00	2.6	647:58	6:54	12	0	82
合計	905	308:42	20.5	7279:46	8:03	514	164	227
Xを除く	814	308:22	22.7	6447:17	7:55	513	164	137

日本興亜損保から提出されたデータを集計したもの。

対象期間は，全国データと同じく2005年9月から2006年1月の5ヵ月間。

Xさんの「私的時間」が20分なのは，初期設定の20分を修正し忘れたことによるもので，「私的時間」制度を認めたものではない。なお，No.5氏は12月末に退職している。

り、全国データにおいて一ヵ月間一日も初期設定を変更していない労働者の割合は三一・八％であるが、当該サービスセンターでは一四・三％であった。それでは、労働者一人ひとりの「私的時間」を一日単位で見た場合、初期設定のままの日数の比率はどれくらいになるであろうか。原告のXさんを除く九名の実労働日数八一四日のうち、「私的時間」が初期設定のままの二〇分であるケースは五一三日と、全体の六三・〇％にのぼっている。すなわち、月単位で見た一四・三％の四倍以上となるのである。さきに、初期設定のままの労働者は、一日単位で見ればかなりの割合にのぼるであろうと推定したが、一〇名のデータとはいえその傾向をはっきりとあらわしていると言える。

次に、職位による差を検証してみよう。全国二六〇三人のデータでは、上位職位Aの労働者のほうが下位職位Bよりも多く「私的時間」を入力しているという結果が得られた。このサービスセンターではどうであろうか。一〇名の平均「私的時間」が二〇・五分（下位職位七名の平均は一八・七分）であるのに対し、Xさんを除いた上位職位Aの社員二名の一日平均「私的時間」はそれぞれ四〇・〇分、三五・一分と多いことがわかる。これは、上位職位の労働者ほど「私的時間」が多いという前記の結果を裏づけるものである。

労働者が自己規制を行う理由

では、なぜ「私的時間」を多く入力することで自ら不払い残業を作り出すのであろうか。次のような二つの可能性が考えられる。

第一の可能性として、残業が多くなれば、その内容を厳しく問われ、もっと効率よく働くよう指導されることが挙げられる。それでも残業が減らない場合には、能力がないとのレッテルを貼られるため、労働者は自ら多めの「私的時間」を入力して、見かけ上残業時間を少なくするのである。残業時間を自己申告していた時代は、会社からの圧力や労働者の自己規制で、残業時間を過少申告することが当り前であった。その体質がそのまま継続しているのではないだろうか。また、残業量の多寡までも評価の対象とする成果主義賃金の導入が、従来以上に労働者に自己規制を強いているのではないだろうか。[*75]

第二の可能性として、労基法違反との関係が挙げられる。同社では、残業の上限時間を決めた「三六協定」が結ばれており、一般職であれば、一日二時間・週六時間・一ヵ月二四時間の残業の上限規制が設けられていた。これを上回れば、労基法違反であるが、さきの労働基準監督署の立ち入り検査の際、不適切な時間管理による不払い残業だけでなく、「三六協定」違反の長時間労働の存在も厳しく追及され、改善を促されていた。したがって会社にとっては、労基署にこれ以上「三六協定」違反を指摘されるわけにはいかないという事情があった。労働者側からすれば、「三六協定」違反の残業は、会社からの厳しい叱責と成果主義上の低評価をもたらすことになるため、極力避ける必要があった。しかし従来に比して仕事量が減っているわけではない。それどころか、人員削減が一層進められる中では、

＊75＝労働政策研究・研修機構が行った長時間労働・不払い労働の実態についての分析によると、女性に見られる特徴として、不払い労働の原因に「成果を出すために手当を申請してないから」を選択している場合に、不払い労働時間が長いという結果が出ているという（労働政策研究・研修機構 二〇〇五、一〇四ページ）。

「三六協定」を超える時間まで仕事に没頭せざるをえないというのが現実であり、パソコンのON／OFFの時間そのままだと「三六協定」を超える労基法に違反する残業が続出することとなる。

第一の可能性である「会社からの圧力や残業規制、労働者の自己規制」については、本書のデータだけでそのすべてを推し量ることはできない。しかし、少なくとも、職責の重い上位職位の労働者のほうが「私的時間」の入力が多いという事実、その業務内容から「私的時間」をとりづらいであろうと想定される損害調査の職場に「私的時間」を多く入力する労働者が存在するという事実からは、実際の「私的時間」とは異なった要因、すなわち、労働者の自己規制による入力行動がなされていることを示していると言えよう。

次に、第二の可能性である労基法に違反する労働との関係を当該サービスセンターのデータで検証してみよう。さきの二六〇三人のデータは「私的時間」の数値だけで、個々の労働者の労働時間はあらわされていなかったため、「私的時間」の入力が「三六協定」違反を免れるためのものとなっているかどうかは不明であった。しかし、このサービスセンターの勤務表では、日々の労働者の労働時間と「私的時間」との関係がすべて明らかになっている。

当該サービスセンターの勤務表データから、「私的時間」を除いた労働時間と、「私的時間」を含めた実際の労働時間（実労働時間）とを比較して、「三六協定」違反がどれだけ増加しているかを検証したものが**図表5－11**である。二〇〇五年九月から二〇〇六年一月の間に、「三六協定」を超える法に違反する労働がXさんを除いた九名で一二回あるが、各々の「私的時間」を労働時間に算入すれば、その回数は

[**図表 5－11**] 日本興亜損保・サービスセンター勤務表:「36協定」超過日

会社提出勤務表データ				合計	1日平均	36協定超過回数	
氏名（職位）	稼働日数	合計労働時間（時間:分）	1日平均労働時間（時間:分）	実労働時間（時間:分）	実労働時間（時間:分）	会社データの場合	実労働時間の場合
X（A）	91	832:29	9:09	832:49	9:09	21	21
2（A）	92	782:12	8:30	843:32	9:10	2	20
3（A）	90	757:09	8:25	809:49	9:00	3	13
4（B）	91	739:47	8:08	783:17	8:36	3	5
5（B）	69	552:55	8:01	580:20	8:25	0	3
6（B）	95	759:11	7:59	793:53	8:21	1	3
7（B）	92	738:10	8:01	769:05	8:22	0	1
8（B）	94	730:16	7:46	757:06	8:03	0	0
9（B）	97	739:39	7:38	766:39	7:54	3	3
10（B）	94	647:58	6:54	651:58	6:56	0	0
合計	905	7279:46	8:03	7588:28	8:23	33	69
Xを除く	814	6447:17	7:55	6755:39	8:18	12	48

[図表 5–10]と同様，日本興亜損保から提出されたデータを集計したもの。
実労働時間とは「私的時間」を含めた労働時間である。

四八回にはね上がることがわる。

さらに、ある上位職位A社員の、最も忙しいと想定される一二月末二週間（稼働日数八日間）のデータを検証したものが【図表5－12】である。A社員はこの八日間、表面上は一度も「三六協定」違反は犯していないが、「私的時間」を労働時間に加えた実労働時間では、八日のうち六日が一〇時間以上となり、労基法違反となってしまうことがわかる。この勤務表で見るかぎり、「私的時間」制度が「三六協定」違反逃れの手段として利用されている可能性が高いと考えられる。

第2節　「みなし労働時間制」の実際

日本興亜損保の「企画業務型裁量労働制」

日本興亜損保は、前述のとおり二〇〇四年五月に労働基準監督署の立ち入り検査で厳しい指摘を受け、さらに適正な時間管理のための新たなシステムの導入を求められたことから、二〇〇五年九月、客観的データに基づく労働時間管理として、各々のパソコンのON／OFFデータをそのまま始業・終業時刻として反映させる労働時間管理システムを導入した。

その際、同社は、併せて「企画業務型裁量労働制」を導入した。裁量労働制適用者は「自由裁量で自由に勤務」できるとし、どれだけ働いても休日出勤させないかぎり「三六協定」には違反しないし、「裁量労働手当て」を別途支給することで時間外手当も発生しないと説明している。この制度では、実際

[**図表 5−12**] 日本興亜損保・サービスセンター職員の勤務表データ

氏名No.	日付	曜日	休日	パソコンのON時間（時：分）	パソコンのOFF時間（時：分）	始業時間（ONを本人が修正）	終業時間（OFFを本人が修正）	私的時間（時間：分）	会社データ労働時間（時間：分）	実労働時間（時間：分）
2	12/19	月		8:40	20:25	8:40	20:25	0:45	10:00	10:45
2	12/20	火		8:43	19:46	8:40	19:45	0:20	9:45	10:05
2	12/21	水		10:57	18:55	9:00	19:00	0:20	8:40	9:00
2	12/22	木		8:43	19:59	8:40	20:00	1:20	9:00	10:20
2	12/23	金	休日							
2	12/24	土	休日							
2	12/25	日	休日							
2	12/26	月		8:30	20:11	8:40	20:00	0:20	10:00	10:20
2	12/27	火		15:06	20:35	8:40	20:00	1:20	9:00	10:20
2	12/28	水		15:43	20:10	8:40	20:00	1:20	9:00	10:20
2	12/29	木		8:56	18:56	8:40	19:00	0:50	8:30	9:20
2	12/30	金	休日							

勤務表データから一部を抜粋したもの。10時間超が「36協定」違反である。

[**図表 5−13**] 日本興亜損保の従業員分布と「裁量労働制」適用者

役割等級	裁量労働制適用の有無	人数
GM	管理監督者	173人
KD-Ⅰ	管理監督者	25人
KD-Ⅱ	管理監督者	12人
KM	管理監督者	77人
KV1		20人
KV2	裁量労働制適用者	**3**人
KV3	裁量労働制適用者	**36**人
M-Ⅰ	管理監督者	526人
M-Ⅱ	管理監督者	45人
P	管理監督者	268人
S	管理監督者	1,088人
SE1		25人
SE2	裁量労働制適用者	**33**人
SE3	裁量労働制適用者	**71**人
SP-Ⅰ	管理監督者	33人
SP-Ⅱ	管理監督者	37人
V1		561人
V2	裁量労働制適用者	**352**人
V3	裁量労働制適用者	**1,129**人
Y1		2,217人
Y2		909人
なし		1,083人
その他		46人
合計		8,769人

裁量労働制の対象となる
グローバル（総合職）社員数は4,299人。
裁量労働制対象外の
エリア（一般職）等社員数は4,470人。
対象となるグローバル社員4,299人のうち
管理監督者は2,284人。
裁量労働制適用者は1,624人（太数字）。

（2008年1月の同社内部資料より筆者が作成）

の労働時間の如何にかかわらず、労使同数で構成された労使委員会で決議された時間を労働した時間とみなす「みなし労働時間」が適用されるが、同社の場合、一部の職種を除き「みなし労働時間」は八時間五八分に設定されている。この時間設定に基づく裁量労働手当ては一ヵ月一〇万円前後である。

適用者の範囲を見てみよう。**図表5－13**「裁量労働制」は、同社従業員の役割等級と管理監督者、裁量労働制適用者の分布を表したものである。本社スタッフのほか営業、損害サービスで「当該事業場における事業戦略を策定する業務」に従事する者で、だいたい入社四年—六年以上クラスの総合職が制度適用者となっている。

それでは、実際同社で本制度が適用される労働者はどれくらいの割合になるのであろうか。裁量労働制の適用対象となるのは、同社で言うグローバル社員（総合職）であるが、その社員四二九九人から管理監督者二二八四人を除いた二〇一五人のうち、一六二四人に裁量労働制が適用されており、対象者層の八一パーセントを占めている。しかしこれらの労働者すべてが、はたして「事業戦略を策定する業務」に携わっているのであろうか。また同社が言うように「自由裁量で自由に勤務」できる者であろうか。

また、裁量労働制適用者一六二四人と管理監督者二二八四人との合計は三九〇八人で、グローバル社員四二九九人の九一パーセントを占めている。全社員八七六九人から見ても四五パーセントとなる。この「管理監督者」の多さも問題であろう。[*76] 労基法第四一条は、いわゆる「管理監督者」について、労働時間、休憩および休日に関する規定の適用の除外を認めている。しかし厚生労働省の通達[*77]で、管理監督者とは「労働条件の決定その他労務管理について経営者と一体的な立場にある者」を言い、役職名で判断するものではないとされている。つまり課長だから「管理監督者」というわけではないのである。しかし同社は、「経営者と一体的な立場」とは到底考えられない課長クラスを管理監督者としているだけではなく、ラインを外れ一担当者となった元課長をも「管理監督者」とし、残業料を一切支払っていないのである。

■損保ジャパンの「事業場外労働制」

損保ジャパンにおける「企画業務型裁量労働制」の「みなし労働時間」は一日九時間で、日本興亜損保の八時間五八分とほぼ同じである。処遇も同様に「みなし労働時間」相当分の給与を支給することとなっている。日本興亜損保の水準と同じく一〇万円前後と見られる。

ところで同社にはもうひとつの「みなし労働時間制度」としての「事業場外労働制」がある。この制度は「事業場外で業務に従事した場合、労働時間を算定し難いときは、所定労働時間労働したものと」(労基法第三八条)みなすものである。同社は、この「事業場外労働制」の対象者を「労働時間の全部または一

＊76＝小倉一哉(労働政策研究・研修機構)は、飲食店やコンビニや小売業だけに限らず「名だたる大企業でもきちんと調べたらどうなることか」と「名ばかり管理職」問題の広がりを危惧する(小倉二〇〇八、一四ページ)。また、小倉は管理職の実態についても実証分析を行っている(小倉二〇〇九、七三―八七ページ)。

＊77＝厚生労働省「多店舗展開する小売業、飲食業等の店舗における管理監督者の範囲の適正化を図るための周知等に当たって留意すべき事項について」二〇〇八年一〇月三日。

部を、事業場外で従事することにより、労働時間の把握が困難である営業、損害調査等の業務に従事する者」(同社規程より)としている。しかしここには根本的な問題がある。損保の営業や損害調査の仕事は、労働時間の把握がけっして困難ではない。営業であれば代理店や得意先の会社などを訪問することが中心業務であるし、損害調査の場合は被害者宅や事故現場、あるいは病院等が主な外出先となる。いずれも行き先ははっきりしており連絡も簡単に取れる状況にある。また出先での業務終了後は原則として帰社し、デスクワークを行って一日の仕事を終えるというのが一般的である。事業場外業務が「みなし労働時間」に該当する労働とはおよそ思えない。

同社のこの制度の運用実態を見てみよう。**[図表5-14]**は同社の規程であるが、それによると、一日一回でも外出した日は「事業場外労働制」が適用され、一日の「みなし労働時間」は八時間となる。たとえば八時に出社、すぐ外出し、夕方四時に帰社、四時間のデスクワーク後、八時に退社したとする。この場合、本来の労働時間は昼休みの一時間を除き一一時間となる。しかしこの制度では、デスクワークの四時間しかカウントされないから自動的に労働時間は法定内の八時間となり、実際に事業場外で働いた労働時間(外出時間)の七時間は四時間と「みなされる」のである。事業場内デスクワーク四時間+事業場外(みなし)四時間=八時間という計算である。つまりデスクワークが増えれば、逆に事業場外(みなし)労働時間が減って、結果として合計八時間となる仕組みである。ただ外出することが前提なので外での労働時間をゼロとすることはできず、事業場外労働時間の最低値を一時間に設定している。処遇はどうか。同社規程では月二〇時間(一日一時間程度)の残業料相当分を支給することとなっている。実際に何時間働いたかは「事業場外」だから把握できないが、一日一時間程度の残業手当は支給しようということであろう。

次にその適用者を見てみよう。**図表5-15**に同社の従業員構成を示した。「裁量労働制」の適用対象者は総合職、専門職だが、本社機構、地区業務部、総務部などの内務と損害サービス課の次席など、職種を絞っているのが特徴である。ところが前記の「事業場外労働制」対象者を合わせて考えると「みなし労働制」適用者は総合職、専門職のかなりの部分に広がる。

［**図表5－14**］損保ジャパン
「事業場外労働制」のみなし労働時間

事業場内労働時間	事業場外みなし労働時間
0時間	8.0時間
0.5時間	7.5時間
1.0時間	7.0時間
1.5時間	6.5時間
2.0時間	6.0時間
2.5時間	5.5時間
3.0時間	5.0時間
3.5時間	4.5時間
4.0時間	4.0時間
4.5時間	3.5時間
5.0時間	3.0時間
5.5時間	2.5時間
6.0時間	2.0時間
6.5時間	1.5時間
7.0時間	1.0時間
7.0時間以上	1.0時間

出所：同社『みなし労働制』の制度内容」より。

制度が導入された二〇〇五年八月一六日時点での適用者数は、「企画業務型裁量労働制」七二三名、「事業場外労働制」二八〇六名、合計三五二九人であった。これは職員一万二一六一人のうち業務職員五八七八人と管理監督者二二三三人を除いた四〇五〇人(両制度の対象である総合職、専門職)の八七%に相当することとなる。

同社の「みなし労働時間制」の適用者については、入社二年目以上の総合職員、専門職員とされているが、労使委員会議事録(二〇〇八年三月二五日開催)では、入社二年目の社員を「企画業務型裁量労働制」の対象とする理由について次のように述べている。

(会社委員)

「適用対象者については、前回の決議同様に入社二年目以上の総合職員および専門職員としたい。なお、二年目以上を対象とすることについては、入社一年目で業務遂行上必要な資格等はすべて取得していること、および業務遂行においても、二年目であってもそれ以上の職員と相違ない裁量を有し業務を遂行している実態から、対象者として相応しい『知識・経験』を有していると判断している。」

(労働者委員)

「二年目以上を対象とすることについては、働く実態から労働者の理解も得られていると考えており、労働者委員側も異論はない。」

[**図表5－15**] 損保ジャパンの従業員分布と「みなし労働時間制」適用者

従業員構成		（09年3月31日現在）			（05年3月31日現在）		
		男	女	合計	男	女	合計
役員		17	1	18	13	0	13
執行役員		27	0	27	28	0	28
職員		6,173	7,830	14,003	6,178	5,983	12,161
職員の区分	総合職員	5,385	216	5,601	5,623	108	5,731
	（内訳）課長（リーダー）以上	（2,332）	（16）	（2,348）	（2,232）	（1）	（2,233）
	課長代理	**（1,626）**	**（39）**	**（1,665）**	**（1,930）**	**（33）**	**（1,963）**
	主任	**（690）**	**（44）**	**（734）**	**（1,061）**	**（40）**	**（1,101）**
	その他	**（737）**	**（117）**	**（854）**	**（400）**	**（34）**	**（434）**
	業務職員	2	7,612	7,614	3	5,875	5,878
	専門職員	**786**	**2**	**788**	**547**	**0**	**547**
	直販社員	0	0	0	5	0	5
専任社員		124	10	134	161	13	174
嘱託社員		2,083	199	2,282	1,759	166	1,925
研修生等		533	63	596	151	83	234
計		8,957	8,103	17,060	7,925	6,808	14,733

（太数字がみなし労働時間制の対象者）

2005年8月16日時点での企画業務型裁量労働制の適用者は723名

事業場外労働制の適用者は2,806名

（2005年9月6日開催の同社労使委員会議事録から）

（同社CSRコミュニケーションレポートより筆者が作成）

しかし、入社二年目の社員が、はたして「それ以上の社員と相違ない裁量を有し」自由に出退勤できるものかどうか、疑問に思わざるをえない。

また、日本興亜損保と同様に、「みなし労働時間制」適用者三五二九人に「管理監督者」の二二三三人を加えると五七六二人となるが、これは総合職、専門職を合わせた六二八三人の九二パーセントに相当する。ここでも「管理監督者」の多さが特筆される。

三井住友海上の「みなし労働時間制」

三井住友海上は、二〇一三年度から、転居をともなう転勤のない「地域社員」（主に女性）にも「みなし労働時間制」を導入した。

営業・損害サービス部門全員に適用したのが「事業場外労働制」である。同社は、二〇一一年度における当該社員の残業時間の平均値から標準的な年間時間外労働時間を算定し、一日当たりの「みなし労働時間」を、主任・担当者は九時から一八時三三分の八時間三三分、課長代理は九時から一八時四五分の八時間四五分とした。ここでの残業時間の平均値とは時間外手当が支給された時間であり、実際に労働者が働いた時間ではない。

この制度では、損保ジャパンの場合と同様に、事務所外で勤務した時間は労働時間の算定が困難とされ、どれだけ働いても一日の労働時間は「みなし労働時間」勤務したものとみなされる。結果として、事務所外の労働時間は、「みなし労働時間」から事務所内の労働時間を控除した時間とされるのである。

しかし、損保ジャパン同様、三井住友海上の営業や損害サービス（損害調査）の仕事も、労働時間の把握が困難なものではなく、労基法第三八条の「事業場外労働制」の規定に該当するとは考えられない。

また、総務や業務の主任職以上の地域社員には、本人の同意を得たうえで「企画業務型裁量労働制」を適用している。しかし、主任職の地域社員がはたして「企画業務型裁量労働制」の対象となる業務に従事しているのであろうか。もう一度「企画業務型裁量労働制」の定義をひもといてみよう。厚生労働省労働基準局監督課の通達「裁量労働時間制の概要」では、「対象となる業務は、企業等の運営に関する事項についての企画、立案、調査及び分析の業務であって、業務の遂行方法等に関し使用者が具体的な指示をしないこととするものです。したがって、ホワイトカラーの業務全てが該当するわけではありません」と述べている。

整理すると、次の三要件をすべて満たす業務と言える。

・会社運営の企画、立案、調査分析の業務
・仕事の進め方を従業員に大幅に任せる業務
・時間配分について上司が具体的な指示をしない業務

したがって、会社をあげて行う企画の内容を考える主体となったり、新しく参入する事業について検討するなど、会社の「舵取り」にかかわる仕事がこれに該当する。指示を受けて行う単純な事務仕事等は対象とはなりえない。なお、みなし労働を認められるということは「勤務時間を自分でコントロールする必要がある仕事」であることを示しているわけであるから、上司に勤務時間を管理されているような仕事に対しては適用できないことになる。

この点、三井住友海上の「地域社員」の業務が「企画業務型裁量労働制」に該当するかどうか、検証する必要があろう。

第3節 損保における労働時間制度の評価

「私的時間」分析の結果は、労働者の入力行動が会社からの圧力や残業規制、労働者の自己規制によってなされていることを明らかにしている。この点で「私的時間」制度は、労働基準局の求める「適正な時間管理システム」として機能しておらず、長時間労働やサービス残業の解消につながるどころか、その流れに逆行するものと言わざるをえない。

また、「私的時間」制度の現状は、ホワイトカラー労働者の地位が向上した現代社会では個人がどのような働き方を選ぶかは原則としてその自由裁量に委ねるべきだという、現行「労働時間概念」を覆そうとする企図についても、明確にこれを否定していると言えるであろう。「私的時間」制度が労働者の自主的・自律的な労働を保証するものではなく、逆に労働者に「自己規制」を強いるものであることが明らかになったからである。

同時に「私的時間」制度は、労働基準法上の「労働時間概念」を歪曲するものである。第4章第5節で述べたように、「労働時間」に関する行政の解釈や通説は、労働者が「使用者の指揮命令下に置かれた時間」と解釈している。その要点は、現実に作業に従事していない時間であっても、労働するために使用者の明示または黙示の指揮監督下にある以上労働時間と解するというものであった。こうした通説、学説や労働判例をふまえたとき、「私的時間」制度は、完全に使用者の指揮命令下にある単なる非作業時間をも、実労働時間から除外して「非労働時間」とするものであり、違法性は高いと言える。*78

「みなし労働時間制」は、日本興亜損保では対象者層の八一パーセントの労働者に、損保ジャパンでは同じく八七パーセントの労働者に、この制度が適用されていることが明らかになった。また、三井住友海上では、女性中心の「地域社員」のすべてに「みなし労働時間制」を適用している。しかし、たとえば「企画業務型裁量労働制」を考えた場合、これだけの比率の労働者が、会社運営の企画、立案、調査分析の業務にたずさわり、自己の裁量で仕事をこなし、自由に出退勤できるとは考えられない。そうであれば、これはもう労働基準法の「拡大解釈」の範囲を超えて、労働基準法違反と考えるべきではないだろうか。

また、「管理監督者」を加えれば、その割合は日本興亜損保では九一パーセント、損保ジャパンでは九二パーセントにものぼっている。しかし、前述のとおり、管理監督者とは「労働条件の決定その他労務管理について経営者と一体的な立場にある者」を言い、役職名で判断するものではない。両社における管理監督者の乱造は、「監督若しくは管理の立場にあるもの」という管理監督者の適正な解釈範

---

*78＝松浦章(二〇一〇、六八―七六ページ)を参照。

囲を明らかに逸脱し、労働基準法第四一条に抵触するものである。*79

結論として言えることは、いきいきと働くことのできる職場環境整備の実現どころか、コンプライアンスに抵触する労働時間管理が堂々とまかり通っているということである。今どの損保会社もコンプライアンス・法令遵守を口にする。CSRの第一にコンプライアンスを掲げる企業さえある。三メガ損保グループはいずれも以下のように法令遵守を強調している。

・東京海上グループ「法令および社内ルールを遵守し、社会規範にもとることのない誠実かつ公正な企業活動を遂行し、事業活動に関係するルールを正しく理解し、厳正に遵守することにより、公正な事業活動を行わなければなりません。」

・三井住友海上・あいおいニッセイ同和損保グループ「法令等を遵守するとともに、法令等に違反する行為を発見したときは、勇気をもって指摘し、関係者と協力して是正します。」

・損保ジャパン・日本興亜損保グループ「法令等を厳格に遵守し、社会規範および企業倫理に準拠した適正な企業活動を遂行します。」(いずれも二〇一三年度の各社のホームページより)

コンプライアンスは、CSR以前の、企業活動を行っていくうえで最低限守るべき法やルールの問題である。損保各社が、これほどコンプライアンスを強調するのであれば、まず何よりも労働基準法を守るという当たり前のことからスタートすべきであろう。

また、「私的時間」制度や「みなし労働時間制」の労働基準法の枠を超えた広がりによって、長時間労働、サービス残業が一層拡大され、加えて人員削減による過重労働がもたらされることとなる。*80 第4

章第4節で、人員削減による過重労働が損害保険の本質的な役割である「補償機能」を低下させていると指摘した。長時間労働、サービス残業で労働者が疲弊するという状況の下では、迅速で丁寧な契約者対応や被害者対応はなしえないからである。

損保業界は、「根源的なCSR」の実現のために、長時間労働・サービス残業を拡大し、労働者に過重労働を強いる、現行の労働時間管理制度を見直すべきである。

＊79＝梶川敦子(神戸学院大学)によると、判例上では、①経営に関する決定に参画し、労務管理に関する指揮監督権限が認められているか、②労働時間管理を受けないなど自己の出退勤をはじめとする労働時間について相当程度の裁量が認められているか、などについて実態に即して判断すべきとされているが、その範囲はかなり厳格に解されており、ほとんどの判例で管理監督者性が否定されているという(梶川二〇〇八、二一ページ)。

＊80＝小倉一哉は、「裁量労働制の適用労働者や管理職のほうが、そうではない労働者よりもかえって労働時間が長いということがわかっている。残業代も問題だが、そもそも長時間労働であることが問題だということを忘れてはならない」(小倉二〇〇八、一四ページ)と指摘する。

第6章

原発リスクとCSR[*81]

＊81＝第6章は「原発リスクと損保産業の社会的役割」（『経済科学通信』第一二七号、二〇一一年一二月、基礎経済科学研究所）を基にしている。

本章では、リスクマネジメントの視点から原子力損害賠償責任保険を取り上げ、原発リスクに対する損害保険業界の今日的な役割と責任を考察する。損害保険は、社会に存在する危険を数値化し警告するというリスクマネジメントの役割をも担っている。この役割を発揮するうえで今、損保業界が直面しているのは原発リスクをめぐる問題である。損保業界は、原子力損害賠償責任保険の引き受けにあたって、地震、噴火、津波や正常運転による事故を免責とするなど、その高い(と損保業界が想定している)リスクに見合ったきびしい条件を設定してきた。損保業界が原発の安全神話に安易に流されることなくきたのは、リスクを的確に判断するという産業の性格からすればある意味では当然のことと言えよう。

しかし、福島第一原発事故が発生し、その損害賠償問題の帰趨を見るとき、あらためてリスクマネジメントの視点から損保の今日的な社会的責任を考える必要を感じる。それは第一に、原発に対するリスクマネジメントははたして可能なのかということ、第二に、仮に損保業界が現実の被害に相応する補償の提供を行った場合、原子力事業者が負担すべき保険料はどのような水準になるのかということである。

第1節 リスクマネジメントと原発事故

今回の原発事故については、「想定外」という言葉が飛びかい、東京電力(以下「東電」と記す)や財界関係者からは、予想しえないほどの巨大な地震、津波がもたらしたものだと繰り返し語られてきた。それでは、原子力事業者たる東電はこれまで原発事故の危険をどのように認識してきたのであろうか。また、リスク評価のプロである損保業界は原発リスクをどう判断してきたのであろうか。

■リスクマネジメントとは

リスク（risk：危険）は、一般的に「偶然的事故発生の可能性」と定義される。企業活動に伴うリスクが発生すれば企業には経済的不利益をもたらし、場合によっては地域社会にも影響を与えることになる。リスクマネジメント（risk management）とは、企業活動に関連するリスクを組織的に把握、特定し、リスクの回避や分散、損害や損失の予防や最小化を目指すプロセスを言う。リスクマネジメントには不確実性によりもたらされる損失の発生を未然に防ぐという側面と、仮に損失が発生した場合、その損失の拡大をできるだけ押さえようとする側面とがあるが、その本質は、事故が起こってからの対応ではなくそれを起こさないためのリスクの的確な把握にあると言える。[*82]

それでは、リスクマネジメントを推進する主体は誰であろうか。言うまでもなく、その事業にたず

＊82＝リスクには、純粋リスクと投機的リスクがある。火災、爆発、地震などによる損害発生の可能性が純粋リスクであり、株式投資における利得や損失などが投機的リスクである。損害保険が対象とするリスクはこの純粋リスクであるゆえに、保険論では純粋リスクを単にリスクと称する（姉崎 一九九二、五七—五九ページ）。ここでは純粋リスクに限定して考察することとする。羽原敬二（関西大学）は「リスク・マネジメントにおいては、損害の発生防止が最優先の課題となるため、まずは純粋リスクまたは負（ダウンサイド、マイナス）のリスク処理に重点が置かれる」と述べ、リスク処理手段として「リスク回避」と「リスク軽減」を挙げる。「リスク回避」とは「リスクを伴う事業活動を中止、中断、変更、修正する、または当該事業から撤退することである」（羽原 二〇一一、六〇—六三ページ）。

さわる企業であり従業員である。しかし最終的な責任を担うのは、従業員一般ではなく、経営陣でありその長である社長であろう。リスクの的確な把握のためには、何よりも経営者が「事故を未然に防ぐ」というリスクマネジメントの本質を十分に理解することが必要である。この点、東電の場合はどうだったであろうか。東日本大震災の地震・津波については経営陣からすぐに「想定外」の言葉が発せられた。しかし、「想定を超えたから甚大な被害を防げなかった。やむをえない」という自己弁護からスタートする感覚そのものが、同社のリスクマネジメントの欠如を表しているのではないだろうか。あるいは仮に今回のような事故をまったく想定していなかったとするならば、そのこと自体が同社のリスクマネジメントの敗北を意味しているのではないだろうか。

はたして東電のリスクマネジメントは適切であったのか。何より安全第一という経営思想は存在していたのか。国会「事故調査委員会」報告によって検証してみよう。

国会「事故調査委員会」報告から

国会の「東京電力福島原子力発電所事故調査委員会」(以下「国会事故調」と記す)報告書(二〇一二年六月二八日)は、「この事故が『人災』であることはあきらかで、歴代および当時の政府、規制当局、そして事業者である東京電力による、人の命と社会を守るという責任感の欠如があった」と断定した。[*83] そして、次のとおり、「東電」と「安全委員会」、「保安院」、「経産省」当局が総ぐるみで安全対策を怠っていたと指摘した。

「事故の根源的な原因は、東北地方太平洋沖地震が発生した平成二三(二〇一一)年三月一一日(以下『三・一一』という)以前に求められる。当委員会の調査によれば、三・一一時点において、福島第一原発は、地震にも津波にも耐えられる保証がない、脆弱な状態であったと推定される。地震・津波による被災の可能性、自然現象を起因とするシビアアクシデント(過酷事故)への対策、大量の放射能の放出が考えられる場合の住民の安全保護など、事業者である東京電力(以下『東電』という)及び規制当局である内閣府原子力安全委員会(以下『安全委員会』と言う)、経済産業省原子力安全・保安院(以下『保安院』という)、また原子力推進行政当局である経済産業省(以下『経産省』という)が、それまでに当然備えておくべきこと、実施すべきことをしていなかった。」

さらに、「想定できたはずの事故がなぜ起こったのか。その根本的な原因は、日本が高度経済成長を遂げられたころまで遡る。政界、官界、財界が一体となり、国策として共通の目標に向かって進む中、複雑に絡まった『規制の虜(Regulatory Capture)』が生まれた」と、いわゆる「原子力ムラ」の癒着構造

＊83＝福島第一原発の過酷事故発生から一年四ヵ月経過した二〇一二年七月五日に、政府の事故調査・検証委員会の最終報告が公表された。これで国会事故調査委員会、民間を含め主な検証報告が出そろったことになる。政府事故調査・検証委員会は七七二人から一四七九時間、国会事故調査委員会は、被災地である双葉町、大熊町、富岡町、浪江町、楢葉町、川内村、広野町、葛尾村、南相馬市、田村市、飯舘村、川俣町の一二市町村を委員が訪問し、延べ一一六七人から九〇〇時間以上ヒアリングを行ったという。

についてもきびしく指摘している。

このように「国会事故調」報告は、事故原因について、これまで何回も対策を打つ機会があったにもかかわらず、歴代の規制当局と東電経営陣が、それぞれ意図的な先送り、不作為、あるいは自己の組織に都合のよい判断を行うことによって、安全対策が取られないまま三・一一を迎えたことで発生したものであり、明らかな「人災」であると結論づけている。

■東電のリスクマネジメントのゆがみ

一方、東電の「福島原子力事故調査報告書」(二〇一二年六月二〇日)では事故原因についてこう述べている。

「これまでの原子力発電所における事故への備えは、今般の津波による設備の機能喪失に対応できないものであった。津波の想定高さについては、その時々の最新知見を踏まえて対策を施す努力をしてきた。この津波の高さ想定では、自然現象である津波の不確かさを考慮していたものの、想定した津波高さを上回る津波の発生までは発想することができず、事故の発生そのものを防ぐことができなかった。」

事故発生直後と変わらぬ「想定外」の発想である。しかし、これについても「国会事故調」報告は、「『想定外』とすることで責任を回避するための方便のようにも聞こえるが、当委員会の調査では、地震のリスクと同様に津波のリスクも東電及び規制当局関係者によって事前に認識されていたことが検証されており、言い訳の余地はない」と次のとおり指摘している。

「平成一八（二〇〇六）年には、福島第一原発の敷地高さを超える津波が来た場合に全電源喪失に至ること、土木学会評価を上回る津波が到来した場合、海水ポンプが機能喪失し、炉心損傷に至る危険があることは、保安院と東電の間で認識が共有されていた。保安院は、東電が対応を先延ばししていることを承知していたが、明確な指示を行わなかった。規制を導入する際に、規制当局が事業者にその意向を確認していた事実も判明している。安全委員会は、平成五（一九九三）年に、全電源喪失の発生の確率が低いこと、原子力プラントの全交流電源喪失に対する耐久性は十分であるとし、それ以降の、長時間にわたる全交流電源喪失を考慮する必要はないとの立場を取ってきたが、当委員会の調査の中で、この全交流電源喪失の可能性は考えなくてもよいとの理由を事業者に作文させていたことが判明した。」

津波による全電源喪失が「想定外」の事態などではなく、保安院と東電の間で「認識が共有」されていたとすれば、リスクの的確な把握を行いえた、あるいは実際把握していたにもかかわらず、それを隠蔽し対策を怠ってきたということであろう。同報告はこうした東電の姿勢を「リスクマネジメントのゆがみ」と批判している。

「東電は、エネルギー政策や原子力規制に強い影響力を行使しながらも自らは矢面に立たず、役所に責任を転嫁する経営を続けてきた。そのため、東電のガバナンスは、自律性と責任感が希薄で、官僚的であったが、その一方で原子力技術に関する情報の格差を武器に、電事連等を介して規制を骨抜きにする試みを続けてきた。その背景には、東電のリスクマネジメントのゆがみを指摘することができる。東電は、シビアアクシデントによって、周辺住民の健康等に被害を与えること自体をリスクとして捉えるのではなく、シビアアクシデント対策を立てるに当たって、既設炉を停止したり、訴訟上不利になったりすることを経営上のリスクとして捉えていた。」

前述したように、リスクマネジメントの本質は、事故が起こってからの対応ではなく「事故を起こさないためのリスクの的確な把握」にある。東電が、「シビアアクシデントによって、周辺住民の健康等に被害を与えること自体をリスクとして捉え」ず、自らの利益しか考えていなかったのであれば、「国会事故調」が指摘するとおり「リスクマネジメントのゆがみ」があったと言わざるをえない。

第2節　原発被害と原子力損害賠償制度

この間、東電の損害賠償責任について、東電に全面的な責任を負わせるべきか否かをめぐって、さまざまに議論されてきた。日本経済団体連合会の米倉弘昌会長（当時）は、新聞のインタビューで「東日本大震災が関東大震災の数一〇倍の規模に上ることも考慮すれば、東電だけに責任を負わせるべきではなく、国が（主導して）損害賠償に対応すべきだ」と述べた。また事故当時、経済財政担当大臣であった与謝野馨は「原賠法三条ただし書きを適用し，免責を認めるべきだ」と主張した。ここでは、原子力損害の賠償に関する法律（「原賠法」）との関係が問題となっている。そこで、焦点となっている「原賠法」を中心とした我が国の原子力損害賠償制度を見ておくことにしよう。

原賠法と東電の損害賠償責任

我が国の原子力損害賠償制度は、以下の二つの法律から成り立っている。

・原子力損害の賠償に関する法律（「原賠法」）

・原子力損害賠償補償契約に関する法律（「補償契約法」）

「原賠法」の目的は、原子炉の運転等によって原子力損害が生じた場合における損害賠償制度を定めることで、被害者保護と原子力事業の発達に資することとされている（原賠法第一条）。［**図表6−1**］は、文部科学省・研究開発局原子力課が作成した原子力損害賠償制度の概要である。

「原子力損害」とは、「核燃料物質の原子核分裂の過程の作用又は核燃料物質等の放射線の作用若しくは毒性的作用(これらを摂取し、又は吸入することにより人体に中毒及びその続発症を及ぼすものをいう。)により生じた損害をいう」(原賠法第二条二項)。

一般的には、原発事故と社会通念上相当と認められる範囲で因果関係が認められる損害が賠償の対象とされる。具体的には、生命・身体への損害だけでなく、精神的損害、避難費用、農作物の出荷制限や風評被害による営業損害なども含まれるが、これらは「原子力損害賠償紛争審査会」が提示する「指針」が基準とされている。

東京電力福島第一原子力発電所事故の賠償範囲の指針作成を進める政府の「原子力損害賠償紛争審査会」(会長・能見善久学習院大教授)は二〇一一年八月五日に中間指針を決定し、風評被害の対象を拡大することや、事故で被害を受けた企業、農林水産業者と取引関係にある業者が被害を被ったケースも「間接被害」として新たに賠償対象に含めることとした。

福島原発の被害は、政府のコスト検証委員会の試算で五兆八三一八億円となっている。[*84] しかしこの数字は少なく見積もったものであり、また人に対する健康被害は含まれていない。

＊84＝内閣府エネルギー環境会議・コスト等検証委員会(二〇一一年一二月一九日)。

[**図表 6−1**] 原子力損害賠償制度の概要

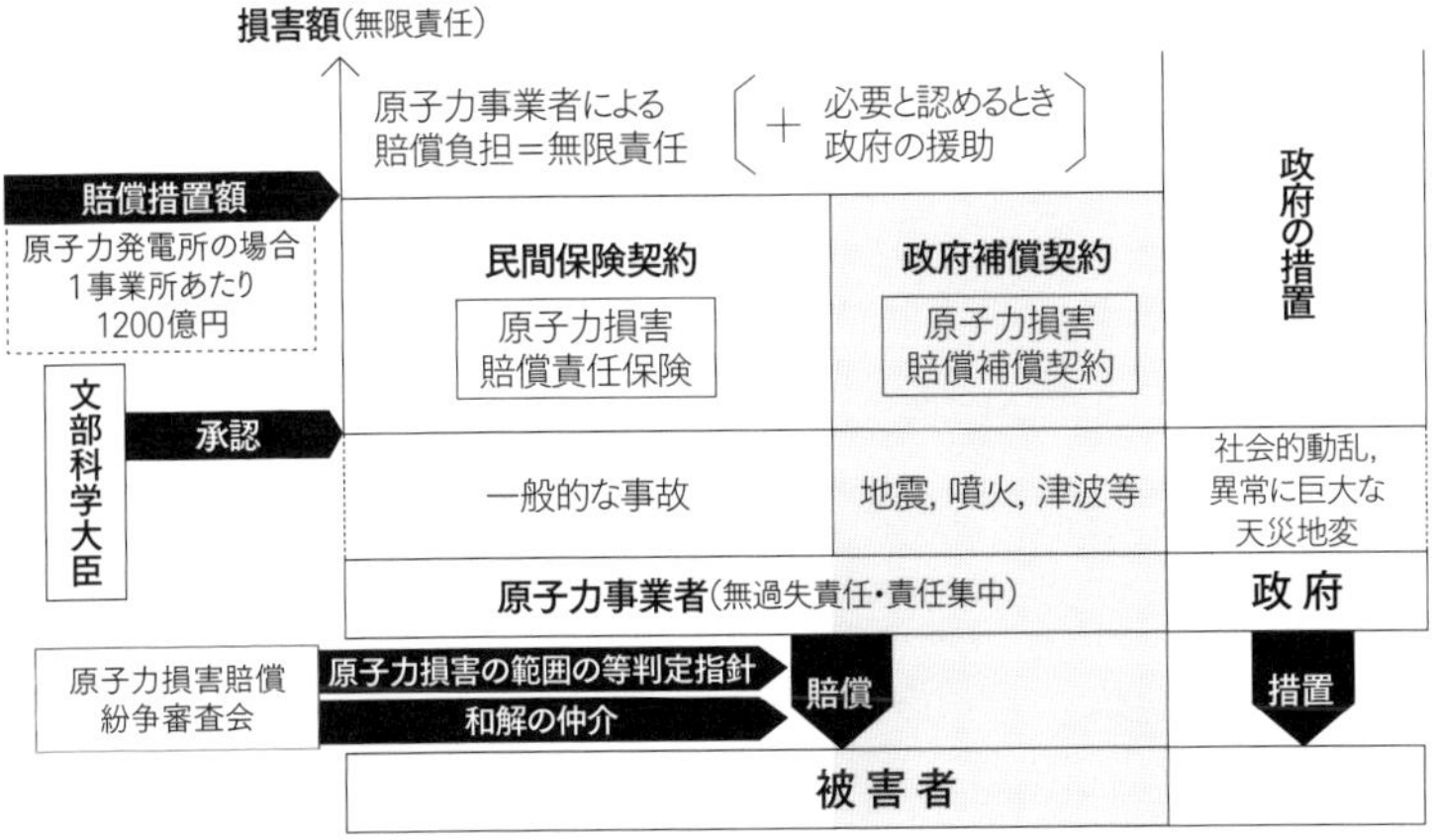

出所：文部科学省のホームページより。

潜在的損害額を見込めば損害額は大きく膨らむものと考えられる。

東電などの原子力事業者は、原子力損害を発生させたときは、損害の発生につき故意・過失があったか否かに関わりなく、賠償責任を負う（無過失責任、原賠法第三条一項）。

第三条　原子炉の運転等の際、当該原子炉の運転等により原子力損害を与えたときは、当該原子炉の運転等に係る原子力事業者がその損害を賠償する責めに任ずる。ただし、その損害が異常に巨大な天災地変又は社会的動乱によって生じたものであるときは、この限りでない。

民法上は、不法行為一般について、被害者が加害者に損害賠償請求するためには、被害者が加害者の故意又は過失を立証する必要があるが、原賠法は、原子力事業者の無過失責任を定めることで被害者保護を図ろうとしていると言える。

議論となるのは第三条ただし書きにある免責条件である。「異常に巨大な天災地変又は社会的動乱によって生じた」損害については、原子力事業者に賠償責任がないとされているのである。しかし、この点については政府もさすがに東電の免責はないとしている。「異常に巨大な天災地変」とは一般的には歴史上その例を見ない大地震、大噴火、大風水災等が想定されており、今回の地震や津波は歴史上例を見ない災害とまでは言えないこと、原賠法第三条ただし書で併記されている戦争などの「社会的動乱」と同程度とは言えないことなどがその主な理由である。

一方、東電は責任を免れるとする見解の根拠は、一九六一年に科学技術庁原子力局長が行った国会答弁にある。すなわち、関東大震災の三倍も四倍もに当たる天災地変の損害が生じた場合は、超不可抗力という考え方から事業者の責任は免れるというものである。理論経済学の伊東光晴は、原賠法の立法過程を見れば「異常に巨大な天災地変」とは関東大震災の三倍以上の規模と考えられるが、東日本大震災はマグニチュード比で関東大震災の四〇倍以上（関東大震災は七・九、東日本大震災は九・〇）であり事業者は責任を免れると言う。[*85] 日本経団連の米倉会長の主張も同様に、「東日本大震災が関東大震災の数一〇倍の規模に上る」から東電は免責だと言う。

しかし、このような根拠ではたして東電が免責と言えるのであろうか。東日本大震災での福島第一原発周辺の震度は六とされており、関東大震災の四〇倍と単純に言うことはできない。[*86] また、今回の災害は地震だけによって引き起こされたものではない。津波によって原子炉の全電源を喪失したのが主な原因である。ところで津波については、この地域では明治以降、「明治三陸地震」「昭和三陸地震」「チリ地震」によって大津波を体験している。とりわけ一八九六年の「明治三陸地震」の際の津波は今回

＊85＝伊東光晴は、「原賠法」上は東電を免責としながらも、万一の場合生ずる巨額な賠償を自己の無限責任とした原発事業に乗り出した経営責任とそれを放置した株主責任は問われるべきだとも主張する（伊東 二〇一一、一八八―一九一ページ）。

＊86＝室田武は（同志社大学）、東海大地震が実際に起こり静岡県の浜岡原発に大事故が発生した場合を例に挙げ、すでに多くの地震学者が予測している地震なのであるから、いくらそれが大規模なものであっても「異常に巨大」と規定することを許してはならないと述べている（室田 一九九三、二一〇―二一一ページ）。

と同じ規模だと言われている。したがって今回の津波が歴史上例を見ないものと言うことはできない。さらに、地震時の津波による全電源喪失の危険が二〇〇五年以降国会等で指摘されていながら、東電がその対策を怠ってきたこととを合わせて考えると、この津波損害が「超不可抗力」であるとは到底言えないであろう。[*87]

また、一つの指標として地震・津波による地震保険の支払額をあげることができる。地震保険は民間損保会社と政府が共同して運営するものであるが、現行制度下では保険金の支払最高額（限度額）は五兆五千億円となっている。この額は関東大震災クラスの巨大地震が起きた場合を想定したものである。その三倍とすれば一六兆五千億円となる。ところで、今回の地震・津波による地震保険の支払額は一兆二三〇〇億円である。たしかに巨額ではあるが、関東大震災規模を想定した五兆五千億円と比較するとその二二%、三倍とすればその七・五%ということになる。

要は、さまざまな指標が考えられるということである。これらを総合的に見れば、原賠法第三条ただし書きの法解釈上東電が免責されるという主張には無理があると言わざるをえない。

原子力事業者の損害賠償措置と無限責任

さて、損害賠償制度であるが、原子力事業者には損害賠償責任が発生する事態への備え（損害賠償措置）を講じることが義務づけられている（原賠法第七条一項、補償契約法）。この損害賠償措置とは、原子力損害賠償責任保険契約（民間保険契約）および原子力損害賠償補償契約（政府補償契約）を締結することである。損害賠償措置として必要とされる額は原則として一事業所当たり一二〇〇億円とされており、通常の原子力損害では、民間の損害保険会社により賠償措置額（一二〇〇億円）まで「保険金」が支払われる。この原子力損害賠償責任保険は、後で述べるように、保険会社による共同引受機構である日本原子力保険プールを通じて会員各社が引き受け、外国プールとの間で再保険を行っている。[*88]

そして、保険では免責とされている原子力損害、たとえば、地震・噴火・津波などの自然災害による原子力損害では、原子力事業者と政府との間の補償契約に基づく政府補償により、賠償措置額（一二〇〇億円）まで「補償金」が支払われることとなる。

それでは、損害額が一事業所一二〇〇億円を超えた場合どうなるのか。法律で定める賠償措置額を超える範囲については、原子力事業者に対して政府が必要な援助を行うことが第一六条に定められている。

＊87＝卯辰昇（損保ジャパン）は、「緊急時の電源喪失による冷却機能の喪失につながる設備の瑕疵（原子炉より海側のタービン建屋地下に非常用ディーゼル発電機を設置していたこと等）を生じさせ、当該設備の瑕疵と自然力が競合して生じた事故として、三条一項ただし書きの異常天災危険免責の適用を制限することも考えられる」と言う（卯辰 二〇一二、一一七ページ）。

＊88＝日本原子力保険プールは、事故発生後の福島第一原発に係る損害賠償責任保険の契約更新を拒否した。圧力容器や格納容器など放射性物質を閉じ込める機能が大きく損傷し、事故が起こるリスクが正常な原発に比べ格段に高いからである。すでに原発の体をなしていない福島第一原発のリスクを損害保険会社が引き受けるわけもない。東電はやむなく保険代替措置として一二〇〇億円を法務局に供託した。

第十六条　政府は、原子力損害が生じた場合において、原子力事業者(外国原子力船に係る原子力事業者を除く。)が第三条の規定により損害を賠償する責めに任ずべき額が賠償措置額をこえ、かつ、この法律の目的を達成するため必要があると認めるときは、原子力事業者に対し、原子力事業者が損害を賠償するために必要な援助を行なうものとする。

しかしこれは、一二〇〇億円を損保あるいは政府補償で支払えば、それ以上は原子力事業者が賠償請求に応じなくてもよいということではない。この一二〇〇億円は、万一原子力損害が発生した場合、被害者に対して迅速かつ確実に賠償の支払いを行うための保証にすぎない。第一六条の趣旨は、あくまでも、事業者の財力等から見て必要があれば、国が援助を行うことが可能だということであり、被害者の保護に遺漏がないよう措置されているということにほかならない。原子力事業者の賠償責任の限度額は原賠法ではとくに規定されていない。すなわち、無限責任である。[*89] したがって、一二〇〇億円を超える損害額については自らの財力をもって支払う必要がある。

また、原子力損害の賠償責任は原子力事業者に集中している。原子力事業者以外の者、たとえば、原子力事業者に機器を提供しているメーカーなどは原子力損害を賠償する責任を免れている(原賠法第四条一項)。さらに、原賠法第四条三項には製造物責任法なども適用されないと規定されているので、原子力事業者以外の者が製造物責任法に基づく賠償責任を負うこともない。

第四条　前条の場合においては、同条の規定により損害を賠償する責めに任ずべき原子力事業者以外の者は、その損害を賠償する責めに任じない。

二　（略）

三　原子炉の運転等により生じた原子力損害については、商法（明治三十二年法律第四十八号）第七百九十八条第一項、船舶の所有者等の責任の制限に関する法律（昭和五十年法律第九十四号）及び製造物責任法（平成六年法律第八十五号）の規定は、適用しない。

この法律の趣旨は、上記原子力事業者以外の原子力関連事業者の保護のほかに、被害者が容易に賠償責任の相手方を知ることができる、つまり、原子力損害については原子力事業者に対して請求すれば賠償してもらえるというように、責任を集中することによって被害者保護を図る点にあるとされている。しかし、非常用電源を海側の流されやすいところに置くような設計をしたプラントメーカーにも責任はあるのではないかという批判も少なくない。なぜ、原子炉メーカーは製造物責任法の適用除外を受けているのであろうか。道垣内正人（早稲田大学）は次のように指摘している。

＊89＝日本では、原子力事業者の責任が無限責任であるのに対し、米国における原賠法的性質を有するプライス・アンダーソン法では有限責任となっている。卯辰昇によれば、民間の原子力損害賠償保険の限度額は三億ドル、それを超過した場合、事業者間相互扶助制度として一基九五八〇万ドルまでの責任を負う。現行の許可炉は一〇四基であり、最大の賠償措置額は一〇七・六億ドル（三億ドル＋〇・九五八億ドル×一・〇五×一〇四基）であると言う（卯辰二〇一〇、六三ページ）。

「日本がアメリカから原子力関連技術の供与を受け、原子力発電事業を始める際にアメリカから提示された条件のひとつだったからである。アメリカの原子炉メーカーとしては、原子炉設備の瑕疵による事故が万一起これば巨額の賠償責任を負うことになりかねず、そのようなリスクを負うことはできないというビジネス判断をしたのである。*90」

国際私法の専門家である道垣内は、アメリカの技術をもとにして原子力発電を始めた国々の間では原子炉メーカーの製造物責任は問わないというルールが国際標準となっていると言う。

しかし、これだけの大災害の原因究明にあたっては、原子炉そのものに瑕疵がなかったのかどうか、非常用電源を海側に設置するという設計は適正だったのか等々、「原賠法」の規定を超えて、事故のすべての要因を検証する必要があるのではないだろうか。

第3節　原発と損害保険

第1節で述べたようにリスクマネジメントの第一の主体は事業体、なかんずくその経営者である。一方、企業がさらされているリスクを管理するもう一つの主体に損害保険会社がある。リスクマネジメントは、リスクを把握・特定することから始まるが、そのリスクを発生確率(possibility)と影響度(severity)の観点から評価し、提示するのは損害保険会社である。

損保業界は、原発の安全神話にかかわらず、動じることなくそのリスクを科学的に見すえてきた。けだし当然といえる。現実に、保険金額一二〇〇億円と支払いの上限を設ける、地震、噴火、津波や正常運転による事故を免責とするなど、その高いリスクに見合ったきびしい条件を設定することでかろうじて保険の引き受けを行ってきた。しかし、福島第一原発事故をふまえた今日、損保業界が社会に存在する危険を数値化し、警告するという社会的役割を果たすためには、より根本的で積極的な姿勢が求められる。

原子力保険プール

原子力保険は、引受け額が巨額でかつ対象となる施設の数が限られ、保険引受けの基礎となる大数の法則が適用され難いことから、国内外の保険引受け能力を最大限に活用する必要があり、各国とも多数の保険会社による共同引受け機構を組織している。日本でも原子力保険はすべて、日本で営業する保険会社による共同引受け機構としての日本原子力保険プールを通じて会員各社が引き受け、外国プールとの間で再保険を行っている。

＊90＝道垣内正人「原子炉メーカーの製造物責任」(新日本法規出版ホームページ、二〇一一年二月七日)。この文章が掲載されたのは、震災直前の二月七日であり、今日の状況を予想していたわけではない。同氏はこの記事を書いた理由として、後日、「二〇年間以上にわたって原子力法制に関係してきた者として、再び訪れようとしていた原子力発電所建設ラッシュとその市場への日本の原子炉メーカーの参入を前提にした話であった。そのような前途洋々たる『原子力ルネサンス』と呼ばれていた時代は三月一一日に終わったように見える」(新日本法規出版ホームページ、二〇一一年五月二日)と述べている。

「原子力保険」は総称であり、原子力損害賠償責任保険と原子力財産保険に分かれている。原子力損害賠償責任保険（強制保険）には、原子力施設賠償責任保険、原子力輸送賠償責任保険、原子力船運航者賠償責任保険がある。

前述のとおり、損保で引き受ける原子力損害賠償責任保険の保険金額（措置額）は、一二〇〇億円である。それでは、原子力事業者が支払う保険料はどれくらいであろうか。原子力プール発足後一九六一年度から一九九七年度までは保険料の額が明らかにされてきたが、その後一切公表されていない。したがって公表された最新のものである一九九七年度のデータを［**図表6-2**］に示しておく。

環境経済学の朴勝俊（関西学院大学）はこの保険料水準について次のように述べている。

「日本原子力保険プールの保険料資料によれば、賠償措置額（＝責任保険額）が三〇〇億円だった一九九七年にはサイト二三件で約二三億円、つまり一件あたり一億円の保険料が支払われていました。これを純保険料の近似値と見れば、放射性物質が外部に放出されるような事態にあたる三〇〇億円の損害額を超える事態が、およそ三〇〇年に一度の頻度で起こると見積もられていることが分かります。一〇〇〇万年に一度の確率で考えてくれるなら、一件あたり三〇〇〇円でよいはずなのですが……。」

「リスク評価のプロである保険業界でこの様な高い保険料設定がされているのは、原子力では被害総額が巨大と想定される上、大数の法則に従って信頼できる確率を得られないと見られている

[**図表 6−2**] 原子力損害賠償責任保険・保険料

施設		件数	賠償措置額	97年度保険料
運転（1万kw超）	再処理	23	300億円	2,363,841千円
使用（プルトニウム）	廃棄物管理（使用済燃料）	3	60億円	10,052千円
運転（100kw以下）	加工　使用　廃棄物管理	19	10億円	30,359千円
合計		45		2,404,252千円

出所：日本原子力保険プール（1998年9月）より。

ためです。むしろ、被害額と確率の両方を何とか想定して、合理的な対応を取っているというべきでしょう。この点が、個別被害額と確率が経験上推定しうる自動車損害との違いと言えます。」（朴 二〇〇四、一―二ページ）

朴が言うとおり、損害保険の保険料は、大数の法則によって算定される。この仕組みを考えてみよう。

原発リスクと大数の法則

損害保険とは偶然な事故（自動車事故、火災、海難事故など）により生じた損害を補償する保険を言う。社会生活を営むうえでのさまざまなリスクを専門的・社会的に集約し社会に警告するとともに、原状回復を可能にする機能、すなわち「補償機能」を発揮することこそが、損保固有の役割として社会的に求められている。リスクとは損害発生の不確実性（可能性）を言うが、不確実性には次の三つの要素がある。

①発生自体の予測不能性（事故が発生するか否か）
②発生時期の予測不能性（いつ発生するか）
③発生程度の予測不能性（どの程度の規模か、全損か分損か）

損保と生保のリスク概念を比較してみよう。損保の場合、①②③のすべてがあてはまる。自動車保険で言えば、自分の車が事故を起こすかどうか、いつ、どの程度かは、まったくわからない。だから万が一のために保険に入る。しかし生命保険の場合は、②だけである。人は必ず死ぬ。ただ、それがいつかがわからないだけである。したがって、一定年齢まで(たとえば六〇歳まで)にもし死亡したとしても家族が困らないようにと生命保険に加入するのである。

損害保険で、ある事故のリスクを想定する際には、上記の三点のリスクを大数の法則に基づいて的確に把握し、適正な保険料を算定しなければならない。それでは、原発事故の場合はどうであろうか。すでに原子力プール設立の理由として述べたとおり、原発事故については大数の法則は適用されない。

第一に、リスクの高さ、巨大さがはかりしれないからである。原発事故というのは自動車事故や飛行機事故と違って「空間的」にも「時間的」にも「社会的」にも限度がない、特別の「異質の危険」と言える。

第二に、対象となる施設が限られ、信頼に値する確率が得られないからである。

一点目の原発被害の規模について研究を重ねてきた研究者がいる。その一人がさきにあげた朴勝俊である。朴は、関西電力・福井県大飯発電所を例にあげて、チェルノブイリ規模の原発事故が発生した場合の損害額を次のようにシミュレイトしている。

「物的損害は、被害者の緊急避難等に伴う避難費用や労働損失、汚染地域での一定期間の居住禁止・農業禁止措置等によって失われる生産額として計算する。発電所から半径一〇キロメートルの範囲は、二日程度で全員避難、セシウムの放射能が148万ベクレル/m^2を超える地域は二週間程度で全員避難とし、経済活動は恒久的に禁止される。同18.5万ベクレル/m^2を超える地域は農業が一〇年間禁止される。従って、これらの対策の対象範囲に経済活動の中心地が含まれると、物的損害額は大きくなる。人的被害は、これらの緊急措置が採られた上でも発生が避けられないものとして計算されている。被害額は急性障害・晩発性障害の推定発生件数に一人当たり医療費や確率的生命価値の推定値を乗じて求める。……計算は事故発生後の五〇年間を対象に行う。……最終的に、これらの損害額を風向頻度に基づいて加重平均し、平均的な損害額を求める。」(朴二〇〇三、二一—六ページ)

朴は、こうして算定した損害額を、平均約一〇三・七兆円(うち物的損害七九・四兆円)としている(事故後五〇年間の積算値)。これについては、原発推進派の専門家らのホームページや雑誌で、主に確率論を根拠に「杞憂といえるほど発生確率の低い事故想定」「荒唐無稽」「常識はずれ」などとする批判がなされ、さらに地元自治体から「炉心損傷頻度は、一千万年に一度」などとした抗議の質問状も当時勤務していた大学に送られてきたという。

それでは、こうした原発推進派の批判は正しいのであろうか。原子力事業者とともに原発の「安全神話」を構築してきた政府は、原発事故の被害についてこれまでまったく検討してこなかったのであろうか。そうではない。原賠法制定(一九六一年六月)にあたり、日本で原発事故が発生した場合の被害額を算定しておく必要が生じたからである。一九九九年に、「大型原子炉の事故の理論的可能性及び公衆損害額に関する試算」と題する文書がはじめて公表された。これは、一九六〇年、科学技術庁の調査委託を受けた社団法人・日本原子力産業会議が、茨城県東海村で出力五〇万キロワットの発電所から二パーセントの放射能が漏れた場合を想定して損害額を試算したものである。

科学技術庁は当時、損害額が最大「一兆円をこえる」とした要約だけを提出し、詳細が記載された部分は秘匿してきた。あまりにも予想被害額が大きかったからである。その額は、当時の国家予算（一兆七〇〇〇億円）の二倍以上にものぼる三兆七三〇〇億円であった。[*91] 現在に換算すれば二〇〇〇兆円近くとなる。政府のこの調査からしても朴の算定額が「荒唐無稽」とは到底言えないであろう。

また最近では、二〇一一年五月に開かれた、ドイツのライプチヒ保険フォーラムでの研究報告がある。環境・エネルギー政策論の大島堅一（立命館大学）は、ドイツの原子力発電所で、レベル七（福島原発事故と同等レベル）に相当するメルトダウン事故が起こった場合の同フォーラムの試算を紹介している。それによると予想される最大損害額は五・九兆ユーロ（約六〇〇兆円）とされている（大島 二〇一一、一八四―一八五ページ）。

大数の法則との関係での二点目として、発生確率について考えてみよう。すなわち事故の頻度をどう見るかということである。これには、確率論的安全評価（PSA）という手法がある。発生頻度は極

＊91＝『前衛』（二〇一一年一〇月号、日本共産党）に掲載された同報告書を参照した。同報告では試算内容について、「その評価はむしろ過小評価の側にあるものといえる。というのも一つには、調査に当然取上げるべきでありながら諸般の理由で除外した重要な項目がかなり多いことであり、二つには過小評価であることが明らかでありながらデータの不足のため止むをえず採用したデータが少なくないことである」と述べ、たとえば前者の例として、人体障害の評価において晩発性障害や遺伝障害を除外したことを挙げている。

めて小さいが、もし起こると大事故になる施設のリスクを確率で評価する手法である。原発の場合は、炉心が壊れ、放射能が外部に大量に放出される事態の確率を求める。地震によって起こる確率は、地質構造や地震の規模、予想される機器の破損などから大事故に至るシナリオをいくつも考えて計算する。ドイツの三人の学者の研究では、三万三〇〇〇年に一度、二七万年に一度、一千万年に一度といった大きな幅がある。[*92] 前記の「炉心損傷頻度は、一千万年に一度ではないか。事故などそう簡単に起こるはずがない」といった趣旨の朴に対する地元自治体からの批判は、この確率論的安全評価の数値に基づいたものである。

損保業界のリスク判断

それでは損保業界は、原発リスクについてどのように考えてきたのであろうか。原子力プールが発表した保険料データに対する朴の研究をもう一度振り返ってみよう。朴は、一件あたり一億円の保険料（一九九七年当時）について、これを「純保険料の近似値と見れば、放射性物質が外部に放出されるような事態にあたる三〇〇億円の損害額を超える事態が、およそ三〇〇年に一度の頻度で起こると見積もられている」。確率論的安全評価のとおり「一〇〇〇万年に一度の確率で考えてくれるなら、一件あたり三〇〇〇円でよいはずなのですが」と言う。

さらに、「リスク評価のプロである保険業界でこの様な高い保険料設定がされているのは、原子力では被害総額が巨大と想定される上、大数の法則に従って信頼できる確率を得られないと見られているためです。むしろ、被害額と確率の両方を何とか想定して、合理的な対応を取っているというべきでしょう」(朴 二〇〇四、一一―一二ページ)と述べている。これは、原子力のリスクにたいする損保業界の判断をまさに的確に表現したものと言えよう。

室田武(同志社大学)は「原発の危険性をもっともよく熟知して予想被害額を計算しているのは、官庁の役人でもなく、ジャーナリストや原発反対派でもなく、実は保険業界である、といっても過言ではないだろう」(室田 一九九三、一二一ページ)と述べている。現在の原子力損害賠償制度の下で、地震、噴火、津波や正常運転による事故、さらには一〇年を超える損害賠償請求を免責とすることでかろうじて保険の引き受けを行っているという現状は、リスク管理のプロである保険業界の懸念を物語っている。[*93] このことは、そもそも原発被害については、本来損害保険の引き受け(リスクマネジメント)概念を超えたものであることを示唆している。

損害保険の引き受けを可能とする要因として、保険論の玉田巧は、

- 同質的リスクが多数存在し、大数法則が適用できること
- 客観確率が測定ないし推定できること
- リスクが社会に広範囲に存在し、しかも著しい偏在などによる偏りが少ないこと

＊92＝朴(二〇〇二)参照。
＊93＝規模を問わずに地震、津波、噴火を免責にしているのは主要国では日本だけである。

・相対的にリスクの累積が少なく、しかも損害分担による保険料が付保不能なほどの禁止的高水準にならないこと

などをあげている(玉田 一九九二、一一一―一一三ページ)。原発リスクはこの要因のいずれにも合致しない。つまり、損害保険の「目的(対象)」とはなりえないということである。

ところで、原子力保険プールの保険料データは、前述のとおり一九九八年以降公表されていない。このことをどう考えるべきであろうか。原子力損害賠償責任保険における損保業界の情報開示が問われる問題である。この保険は原賠法によって付保が義務づけられたいわば強制保険である。そのリスク判断の内容は、直接保険料を支払う原子力事業者にとどまらない、きわめて社会性・公共性の高いものと言える。損保業界は今こそ保険料データを明らかにすべきである。

第4節 原発リスクと損保産業のCSR

CSRの観点から、損保業界は原発リスクにどう向き合うべきか。

さきに述べた「リスクマネジメントのゆがみ」は東電だけのものではない。関西電力の八木誠社長は、大飯原発三、四号機がフル稼働に入ったのを受けて、高浜原発三、四号機(福井県)についても「優先的に再稼働する方向で国と調整したい」と早くも次の原発の稼働に意欲を示した。『朝日新聞』社説は、火力発電の燃料コストを主な要因とする「業績悪化に歯止めをかけるために、より多くの原発を

動かしたい。そんな経営判断があるに違いない」（二〇一二年七月二七日）と指摘した。そこには「シビアアクシデントによって、周辺住民の健康等に被害を与えること自体をリスクとして捉える」という姿勢は見られない。これでは事故を起こさないためのリスクの的確な把握という本質的なリスクマネジメントの実践は望むべくもない。彼らにとってリスクマネジメントとは、何よりも利潤という「経営上のリスク」でしかないのである。

今、損保業界こそがリスクマネジメントと損害保険の原点から原発リスクに真正面から向き合うべきであろう。品川正治は、損保産業の「社会的役割」について次のように述べている。

「損保産業というのは、経済社会にとっては唯一のブレーキ産業です。全産業がアクセルを踏んでいる中で、われわれがブレーキ役を務めているのです。そこにはこういうリスクがある、こういう危険がある、その危険を評価すればこれだけある。その危険を数値化して、それを社会に警告し、その役割を果たさなくてはならない産業です。」（品川 二〇〇六a、一四三ページ）

唯一のブレーキ役として、危険を数値化し社会に警告する、という社会的役割の認識は、原発事故をふまえた今日、あらためて損保産業のあり方を考えるうえできわめて重要なものと言える。

品川の持論は、損保は大儲けする産業ではない、ひたすら成長を続けなければならない産業でもないというものである。彼が日本火災の社長であったとき、日本損害保険協会での社長会で「これ以上損保は大きくならなくていい」という問題提起をして激論になったという。なぜ成長一辺倒ではだめなのか。保険料がそれだけの規模になるということは、逆に考えれば、それに見合った保険金を支払うということだからである。収入保険料の規模が二兆円であれば、一兆円以上の保険金を支払うことになる。はたしてそれだけリスクの大きい社会が健全な社会と言えるであろうか、というきわめて根源的な問題提起なのである。

「リスクの大きい社会は健全な社会ではない。だからこそ社会にある危険を適切に数値化し、社会に警告する。そうしてはじめて社会に存在するリスクを軽減することができる」というのが品川の考え方である。この視点に立てば、原発の存在について損保業界が果たすべき役割はおのずと明らかになる。

米国における原賠法、プライス・アンダーソン法を研究した卯辰昇（損保ジャパン）は、次のように言う。

「保険者は、原子力リスクの不確実性故に、原子力損害賠償責任に相応した責任保険金額の提供へ向けたインセンティブが生じない。」（卯辰 二〇〇二、二九五ページ）

「破局的な原子力損害による想定損害額と、強制保険によって得られる賠償措置額とのギャップを縮小させる必要がある。そのためには、保険者が、従来以上に多額の保険責任を引き受ける可能性があるかどうかを検討する必要があるだろう。」（同上、三〇〇ページ）

また、室田武も次のように指摘している。

「原発がたいして危険でないという場合、そのことをいわゆる専門家にしか十分に理解できない種々の技術的安全装置の存在によって証明する必要は、考えようによっては、ほとんどないといってもよいくらいであり、危険でないことの証明が、現行の原賠法の撤廃、およびその撤廃後に予想される巨額の損害保険料を電気料金に組み入れることを禁止する制度の確立によってなされるとき、はじめて国民一人一人にとって、それが納得のいくものとなるのではなかろうか。」(室田一九九三、一二〇ページ)

損保業界が「原子力損害賠償責任に相応した責任保険金額の提供」を行った場合、原子力事業者が負担すべき保険料はどのような水準になるのかを検討し提示する必要があろう。支払いの上限を設け、かつ地震、噴火、津波などを免責とすることでかろうじて引き受けを行っているという現状は、損保本来の姿ではないはずである。

大島堅一は、さきに述べたライプチヒ保険フォーラムの報告として、五・九兆ユーロ(約六〇〇兆円)の損害額をふまえた場合、損害保険料がいくらになるのかも紹介している。それによると、五〇〇年に一回このような事故が起こると仮定した場合には、一基の原子力発電所が一年間に支払わなければならない保険料は、六一〇万ユーロ(約六億円)ですむが、一〇〇年に一回の計算であれば、年間一九五億ユーロ(約二兆円)の保険料負担が必要となる。さらに大島は、日本が一九六六年に最初の商業用原子炉が稼働して四五年目にレベル七の破局的事故を経験したという実績値に基づけば、五〇年に一回の頻度でレベル七の事故を想定するのも一案だと言う。ドイツの試算を日本に適用すれば、その場合の一原子力発電所あたりの年間保険料は、約七・六兆円となる。「損害保険料のみで原発の経済性は完全に失われる」のである（大島 二〇一一、一八五―一八六ページ）。

このように、もし現実のあらゆるリスクを想定した保険料が「付保不能なほどの禁止的高水準」であるならば、あるいは、大数の法則に合致せず現実には保険料算出が不可能であるならば、そのことをリスクマネジメントの視点から社会に明らかにすべきであろう。

電力会社が巨額の保険料負担を余儀なくされるという事態、あるいは損保がリスクを管理できないという現実は、原発の存在が人間にとって社会にとって限りなく危険なものであることを否応なく明らかにし、「原発という国家と産業界が全力で踏み込むアクセル」（品川 二〇一一、一六三ページ）にブレーキをかけることになるであろう。

これこそが、「危険を数値化し、社会に警告」するという、損保産業に求められる社会的役割の発揮であり、今日果たすべき「根源的なＣＳＲ」である。

おわりに

これまで述べてきたように、筆者の「企業の社会的責任（ＣＳＲ）」の考え方は、それぞれの企業・産業が固有にもっている「社会的役割」の発揮こそが「根源的な企業の社会的責任（ＣＳＲ）」であり、その根幹には労働の問題があるというものである。非正規雇用の増大、正社員の長時間労働、一方的な人員削減・解雇等々によって、「雇用の劣化」が生じ、さらにそれが「根源的なＣＳＲ」の阻害につながっていると考えるからである。

前述のとおり、本書の特徴の第一は、ＣＳＲを「社会的役割の発揮」という視点から捉えたことである。銀行には銀行の、証券には証券の、そして生保や損保にも独自の「社会的役割」がある。損害保険産業の本質的な役割・社会的な存在意義は、生産や消費活動にかかわる偶然な事故による損失を専門的・社会的に集約し、原状回復を可能にする機能、すなわち「補償機能」にある。その「役割」が充分発揮されているかどうか。それが、損保産業に今日求められるＣＳＲだと考えたわけである。

第二に、企業が「社会的役割」を発揮するうえでの根幹に労働の問題があるという視点から、ＣＳＲと雇用・労働問題との関係について論じたことである。企業が、ＣＳＲの課題として労働問題を考えるとき、従業員の健康や人権への配慮、男女平等の実現、ダイバーシティ等々を挙げるのが通常である。もちろんそのことは重要であるが、それに加えて、企業が固有の「社会的役割」を発揮するという「根源的なCSR」に不可欠なものとして労働の問題を置いた。この視点は、逆に労働問題そのものを考えるうえでも大変重要である。これまで、個々の労働者あるいは労働者群のかかえる個別の問題として雇用・労働を考えるというのが一般的であった。CSRとの関係、なかんずく「社会的役割の発揮」という観点で労働問題をとりあげた研究事例は、管見のかぎりだが、ほとんど見当らない。

雇用の現状が企業・産業の「社会的役割」を果たしうるものとなっているかどうか、この視点からの雇用・労働問題の研究はますます重要となってくると思われる。今日の日本では、経営者に求められるのは株主の利益を最大化することだけという「株主重視主義」の考え方が広がり、「企業価値の向上」のためにと人員削減を繰り返す大企業が相次いでいる。「根源的なCSR」の主要な担い手は労働者である。損保で言えば従業員、代理店の力の発揮があってこそ損保産業における「根源的なCSR」の実現が可能となる。それを実証したのが二〇一一年の東日本大震災での損保労働者の奮闘であった。東日本大震災では、多くの損保労働者が損保に求められる社会的使命を果たそうと懸命に働いた。全国各地から多くの社員が支援にかけつけ、泊まり込みで地震保険の調査・保険金支払いにあたった。地震保険の支払保険金は、約七八万件、一兆二三〇〇億円にのぼった。阪神・淡路大震災での保険金の支払いは六万五千件、七八三億円であったから、その金額は一五倍以上の規模である。しかも、地震発生後三ヵ月ですでに約一兆円の保険金が被災者の手元に届いていた。地震保険の加入者だけとはいえ、これだけの金額が短期間に被災者に渡ったことの意義は計り知れないものがある。

労働現場では、労働者はみんなよい仕事がしたいと思っている。そして、「企業の社会的役割」の認識は労働者を成長させる。東日本大震災で地震保険の調査・支払いにあたった若手社員は、最初、一面がれきの被災地のあまりの惨状に声もなかった。しかしやがて、ご家族が亡くなられて全損になった建物の写真を撮影するときには、合掌と黙とうをしてから撮影を始めるようになったという。また、仙台の現地対策本部で損保の仕事を見てきた学生アルバイトが、損保で働きたい、損保会社を受験したいと言い始めたという。

東日本大震災の直後、損保各社の「お客様の声」窓口には「異変」が起こっていた。日頃はクレームがほとんどだが、感謝の電話や手紙が殺到したというのである。ある損保会社の事例を紹介しよう。

「先日(四月中旬)に、入金がありました。このたびの地震の件では母が大変お世話になりました。特に、静岡から立ち会いに来て下さったT様には、本当に親身に対応していただきました。母が大変お世話になったのでお礼の言葉を述べたくて電話しました。よろしくお伝えください。」

「貴社の郡山対策室から来られたD様の対応に感動致しました。被災者の身になって考え、行動し一日も早い復旧を約束してくれた事は、われわれに夢と希望を与えてくれました。」

こうした事実は、「根源的なCSR」の遂行こそが労働者の働きがいをもたらし契約者の共感をも得られることを示している。

被災地を経験し成長してこの仕事に誇りや将来性を感じた若い社員が本当に未来に希望をもてる、そんな企業・産業にすることが今こそ必要である。そのためには、「株主重視主義」から脱却して「人間尊重」の精神を復活させることが何より重要である。日本損害保険協会の「行動規範」基本原則の第一には「人間尊重の原則」が掲げられている。「事業に関わる全ての関係者に対し、人間尊重を行動の基本精神とする誠意ある行動をとる」とある。そして第二は「法令等遵守（コンプライアンス）の原則」である。「法令・ルールについては、その制定された目的も充分に理解してそれを誠実に遵守し、社会の期待に応える」と宣言している。さらに、会員各社は事業の経営にあたって、これらの「原則を遵守するとともに、役員および従業員の業務遂行についても、この原則が遵守されるように努めることとする」としている。

弁護士の伊藤真は、コンプライアンスでいう「法令」とは「社会の価値観を具体化したもの」であり、その基本は憲法であると述べている。そしてその憲法において最も大切な価値観は、第一三条の「個人の尊重」・「個人の尊厳」であると言う。憲法第一三条は、「すべて国民は、個人として尊重される」と規定している。この「個人の尊重」という考え方を伊藤は次のように考える。「個人の尊重」は「一人一人を人間として大切にし、その幸せのために社会や組織や国家は存在し、また一人一人みな個性があり、それぞれに違って当たり前なのだというお互いの多様性を認め合う考え方」を導く。だから会社という組織も、従業員や働く人々が幸せになるために存在しているとする。つまり究極のコンプライアンス・法令遵守とは「憲法価値の遵守」であり、「人間の尊重」だと言うのである（伊藤　二〇〇七、四四―四七ページ）。損保協会が、真に「人間尊重」を唱え「コンプライアンス」を強調するのであれば、損保各社に人間尊重の原則を遵守させなければならない。その立場に立ってはじめて損保産業における「根源的なCSR」の実現が可能となるであろう。

こうしたCSR論の到達点に立って、これから筆者が取り組むべき課題を挙げておきたい。

第一は、「雇用の劣化」が「企業・産業の劣化」につながる事例の実証的研究である。「雇用の劣化」の帰結として職場の諸問題の発生（損保で言えば保険金不払い問題等）が事実としてあり、労働現場では「感覚」的には認識されているが、実証的な分析による客観的な裏づけはなお必要であると考えるからである。

第二に、研究対象を損保だけではなく、銀行、証券、生保等金融産業全体に広げ、比較分析することである。本書の特徴としてあげた前記の二つの視点は、今回素材とした損保産業だけではなくおそらく多くの産業に普遍化できるものであろう。「雇用の劣化」が「根源的なCSR」の阻害につながっている例は枚挙にいとまがないからである。第4章補論で取り上げた運輸サービス産業はその典型である。金融産業全体に研究対象を広げることは、「根源的なCSR」の根幹に労働問題があり、「根源的なCSR」の遂行こそが労働者の働きがいと健全な経済社会の発展に寄与するという、筆者のCSR論のさらなる深化につながるものと考える。

第三に、社会人研究者としての役割を明確にすることである。私たちはともすれば自らが「学ぶ」ことのみに自己満足してしまいがちである。しかし、労働現場からの要求に応えるという「学ぶ」ことのもつ意味は今日に至るもまったく変わっていない。いや、むしろその重要性は従来に増して高まっているであろう。職場支配の巧妙さと労働者の閉塞状況を打開する科学的な分析、その理論を実践のテーブルに乗せる気概を労働現場からくみ出す努力が今ほど必要な時はない。しかも、その課題は一部の労働者のためだけのものではない。まだ潜在的ではあっても多くの労働者の要求と言える。それほど労働現場の疲弊にはすさまじいものがある。やはり社会人から研究者に転じた先達の十名直喜（名古屋学院大学）は、「日本の職場における厳しさは想像を超えるものがあり、近年では一段と増している感がする。そうした厳しさばかりに眼を奪われがちであるが、厳しさに向き合う中で培われた自らの気概や知的資産、すなわち職業能力や生活文化の独自なあり方などに、気づかないでいる場合が少なくない」（十名　二〇一〇、七九ページ）と指摘している。社会人研究者としての筆者の役割は、こうした現実に向き合い、自らの体験を通じて、あるべき企業・産業・労働像を展望し、その実現への道を模索することにある。職場だけでものごとを考えてきた時代から大学院というステージを経て、さらに新たな視点からの研究と実践に挑戦していきたい。

本書に寄せて

森岡孝二
（関西大学名誉教授）

松浦章さんがお書きになったこの本は、日本の損害保険産業についての優れた研究書として独自の学術的価値を有している。したがって、ことさら私が紹介するまでもないが、出版を勧め、桜井書店に推薦したという経緯もあるので、余計なことかも知れないが、解説にかえて二つのことを簡単に述べておきたい。

ひとつは、経済学研究者のタイプからみた松浦さんについてである。といってもヒラメキ型かコツコツ型か、あるいは早熟型か晩成型か、はたまた理論派か実践派か、というようなタイプ分けのことではない。ここで言いたいのは研究者になった人のキャリアパスのことで、私の知っている範囲では大別して二つのタイプがあるように思う。

第一のタイプは、大学から経済系の大学院に進み、他の仕事を経験しないまま大学教員や研究所員になった人たちである。私もその一人で、友人にもこのタイプがもっとも多い。

第二のタイプは、松浦さんのように、大学を出たあと民間企業や公務部門に就職して働くなかで、経済学に対する研究的関心が芽生え、膨らんだ人たちである。

私は職業的研究者と労働者研究者の討論の場ともいうべき「基礎経済科学研究所」に長年所属してきた。そのために第二のタイプの研究者を多数知っている。身近な例でいうと、私の編集で桜井書店から出していただいた『格差社会の構造』(二〇〇七年)と『貧困社会ニッポンの断層』(二〇一二年)の書き手は、大半が多年にわたりゼミナール形式の研究会でマルクス『資本論』と経済学の新刊書を読んできた退職労働者たちである。

一九八〇代以降、日本の経済系大学院の多くは、社会人コースを設け、大学を出て働いてきた人たちを受け入れるようになってきた。このことは、経済学に研究的関心をもつ労働者が大学院に進んで、研究者としての専門的訓練を積むことを可能にした。その結果、一定の研究テーマについて数編相当の系統的な論文を著して博士の学位を取得し、それを出版した人も少なくない。松浦さんもそのお一人である。

長い職業経験を積んだ人の強みは、その研究が豊かな現実感覚に裏打ちされていることである。労働者研究者の真骨頂が発揮されるのは、とくに当人が従事してきた産業や職業を研究対象にする場合であって、本書に結実した松浦さんの仕事は、まさしくそうした研究成果の典型といってよい。

松浦さんは一九七四年三月、大学を卒業するとすぐに損害保険会社に入社し、三二年間、勤め続けてこられた。損害保険産業の表と裏をいわば身をもって体験するなかで、しだいにこの産業がかかえている諸問題を学問的に明らかにしたいという思いが高まり、持ち前の向学心も手伝って、二〇〇六年二月に五四歳で退社し、同年四月に大学院経済学研究科に進まれた。こう書くと「五〇の手習い」のように思われるかもしれないが、松浦さんは法学部の出身ながら、経済学とは大学院で初めて出会ったわけではない。長年の職場であった損害保険業界は、日本経済の刻々の動きを実地に学ぶ学校であった。同じ金融業でも銀行業界とは違って、たたかう労働組合が残った損害保険業界で働いていた松浦さんには、労働運動もまた経済理論を実践のなかで鍛える学校であった。そうした環境がなければおそらく本書は生まれなかっただろう。

もうひとつ述べておきたいことは、損害保険産業に関する松浦さんの研究上の企業論と労働論の関連である。

本書では「企業の社会的責任（CSR）」を重視する視点から、損害保険産業における「コーポレート・ガバナンス（企業統治）の特質」と「労働現場の状況」が一体的に考察されている。

企業の社会的責任という言葉は、株式保有において、個人株主の比率が低下し、年金基金、投資信託会社、生命保険会社、損害保険会社などの、社会から広く資金を集めて株式市場で運用することを任されている機関投資家（機関株主）の比率が高まるなかで広まってきた。その一方、企業の社会的責任という言葉は、株式投資においてリターンの追求だけなく、環境や人権や労働条件や企業倫理を重視する「社会的責任投資（SRI）」の流れが強まるなかで、松浦さんが使っているようなまっとうな意味で語られるようになってきたこともたしかである。しかし、それだけでは、企業の社会的責任という言葉のいまほどの普及は説明できない。

今日的な意味では、企業の社会的責任という言葉は、コーポレート・ガバナンスという言葉と不可分の関係にある。最近まで日本のこの分野の議論の中心にいたオリックス元会長の宮内義彦氏によれば、コーポレート・ガバナンスの役割は、「経営者が何か不都合なこと、違法なことをしないように防止・監視すること」ではない。株主資本主義においては、経営者は「株主の利益を最大化することを目的に」企業経営に当たらなければならない。その意味で企業経営が株主の要求にかなっているかどうかを判断し監督するのがコーポレート・ガバナンスである(宮内義彦『経営論』東洋経済新報社、二〇〇一年、一三四―一三五ページ)。

この論法にしたがえば、企業の社会的責任は、企業が地域住民や消費者や従業員に対して負っている責任ではなく、株主に対して負っている責任を意味しており、結局は株主利益を最大化することを本旨としている。この点を踏まえずには、雇用・労働への影響も見えてこない。

振り返れば、一九八〇年代以降、経済活動における株式市場の重要度が高まり、各種の機関投資家や投資ファンドが企業経営に対する影響力を強め、株式会社の支配権が経営者から再び株主に移行してきた。その過程で成立した株主資本主義は、配当の増加や株価の上昇を企図して、企業に対して配当原資である利潤の増大を求めずにはおかない。そのために株主資本主義は、人員削減や、賃金の切り下げ、労働時間の延長などを強く求める傾向がある。実際、近年の株式市場は、コスト削減効果による短期的な業績回復や増益を見込んで大規模なリストラを歓迎してきた。株主資本主義はまたM&A(企業の合併・買収)の隆盛をもたらしたことによっても、大企業に人減らしを進め、賃金や福利厚生の切り下げを迫り、配当や内部留保や役員報酬を増やしてきた。近年の日本の大企業における正社員の絞り込みと非正規労働者の著しい増大も、株主からのコスト削減圧力が企業経営を変容させてきたことによるところが大きい。

日本の損害保険会社は、世界に例を見ない超大型の波状的M&Aを通して金融持ち株会社の下に経営統合されてきた。そのために、損害保険業界においては、株主重視経営が他の産業にも増して、雇用の劣化と労働条件の悪化に深刻な影響をもたらしている。このことを損害保険会社における長年にわたる職場体験にもとづいて明らかにしたのが本書である。私が本書から学んだのもまさにそのことにほかならない。

この研究は松浦さんにしかできなかった。それだけに本書が一人でも多くの読者の目に留まることを願っている。

二〇一四年八月一三日

引用・参考文献

あいおい損保(二〇〇六)『あいおい損保の社会的責任―CSRレポート二〇〇六』

朝日新聞「変転経済取材班」編(二〇〇九)『失われた〈二〇年〉』岩波書店

足立英一郎(二〇〇四)「企業の社会的責任と雇用・労働問題」、『日本労働研究雑誌』第五三〇号、二〇〇四年九月、独立行政法人労働政策研究・研修機構

足立浩(二〇〇九)「企業価値概念の基本的二重性」、『日本福祉大学経済論集』第三九号、二〇〇九年九月

足立浩(二〇一二)『社会的責任の経営・会計論』創成社

安部誠治(二〇一二)「高速ツアーバス事故 行き過ぎた規制緩和の見直しを」、『世界』二〇一二年七月、岩波書店

姉崎義史(一九九二)「リスクマネジメントの一般理論」、亀井利明編『保険とリスクマネジメントの理論』法律文化社

姉崎義史(二〇〇一)「モラルハザードと損害保険約款」、『損害保険研究』第六三巻第二号、二〇〇一年八月、公益財団法人損害保険事業総合研究所

荒木尚志(一九九一)『労働時間の法的構造』有斐閣

石橋洋(二〇〇〇)「労基法上の労働時間の概念と判断基準」、『講座二一世紀の労働法5 賃金と労働時間』有斐閣

伊藤国彦(二〇一一)「金融による利潤追求とグローバル化」、菊本義治・伊藤国彦ほか『グローバル化経済の構図と矛盾』桜井書店

伊藤真(二〇〇七)『会社コンプライアンス』講談社現代新書

伊東光晴(二〇一一)「経済学からみた原子力発電」、『世界』二〇一一年八月、岩波書店

岩井克人(二〇〇五)『会社はだれのものか』平凡社

岩田規久男(二〇〇五)『日本経済を学ぶ』ちくま新書

卯辰昇(二〇〇二)『現代原子力法の展開と法理論』日本評論社

卯辰昇(二〇一〇)「原子力技術に対する予

防原則の適用」、植田和弘・大塚直監修『環境リスク管理と予防原則』有斐閣
卯辰昇（二〇一二）「原子力損害賠償法における責任集中原則と国家補償」、『損害保険研究』第七四巻第一号、二〇一二年五月、損害保険事業総合研究所
内橋克人（一九九五）『規制緩和という悪夢』文藝春秋社
NKSJホールディングス（二〇一三）『NKSJホールディングスCSRコミュニケーションレポート二〇一三』
MS&ADインシュアランスグループホールディングス（二〇一三）『MS&ADインシュアランスグループCSE Report 2013』
大島堅一（二〇一一）「発電コストからエネルギー政策を考える」、植田和弘・梶山恵司編著『国民のためのエネルギー原論』日本経済新聞社
大阪損保革新懇編（二〇〇六）『世界と日本の平和と損害保険産業』
奥村宏（二〇〇六）『株式会社に社会的責任はあるか』岩波書店
小倉一哉（二〇〇八）「日本の長時間労働—国際比較と研究課題」、『日本労働研究雑誌』第五七五号、二〇〇八年六月、独立行政法人労働政策研究・研修機構
小倉一哉（二〇〇九）「管理職の労働時間と業務量の多さ」、『日本労働研究雑誌』第五九二号、二〇〇九年一一月、独立行政法人労働政策研究・研修機構
加賀田和弘（二〇〇八）「CSRと経営戦略—CSRと企業業績に関する実証分析から」、『総合政策研究』第三〇巻、関西学院大学総合政策学部研究会
梶川敦子（二〇〇八）「日本の労働時間規制の課題」、『日本労働研究雑誌』第五七五号、二〇〇八年六月、独立行政法人労働政策研究・研修機構
川村雅彦（二〇〇四）「日本の『企業の社会的責任』の系譜（その一）」、ニッセイ基礎研REPORT
川村雅彦（二〇〇七）「金融機関の本業におけるCSRを考える—『金融CSR』と『CSR金融』の視点から」、『ニッセイ基礎研所報』第四六号
北野正一（二〇〇六）『経済政策論の基礎—共同利益・協調と個別利益・競争との確執と止揚』兵庫県立大学経済経営研究所
橘高研二（二〇〇六）「企業の社会的責任（CSR）について—思想・理論の展開と今日的なあり方」、『農林金融』二〇〇六年九月、農林中金総合研究所
経済同友会（二〇一〇）「日本企業のCSR—進化の軌跡」
経済同友会（二〇〇三）「市場の進化と社会的責任経営」
経済産業省（二〇〇四）『企業の社会的責任（CSR）に関する懇談会』の『中間報告書』
厚生労働省（二〇〇四）「労働におけるCSRのあり方に関する研究会　中間報告書」
厚生労働省（二〇一〇、二〇一一）『労働経済白書』ぎょうせい
厚労省労働基準監督署監修（二〇〇一）『HOW TO労働時間マネジメント』労働調査会
合力知工（二〇〇四）『現代経営戦略の論理と展開』同友館
品川正治（二〇〇六a）『戦争の恐さを知る財

界人の直言』新日本出版社
品川正治（二〇〇六b）『九条がつくる脱アメリカ型国家』青灯社
品川正治（二〇一一）「原子力と損害保険」、『世界』二〇一一年五月、岩波書店
品川正治（二〇一三）『戦後歴程』岩波書店
島田陽一（二〇〇〇）「企業における労働者の人格権」、『講座二一世紀の労働法6　労働者の人格と平等』有斐閣
菅野和夫（二〇〇二）『新・雇用社会の法』有斐閣
首藤恵・竹原均（二〇〇七）「企業の社会的責任とコーポレートガバナンス」、『Waseda University Institute of Finance』早稲田大学ファイナンス総合研究所
生命保険協会（二〇一三）「東日本大震災における生命保険業界の対応と次の一歩」
損害保険事業総合研究所（二〇〇八a）『損害保険通信講座〈損害保険ビジネス法務〉』第一分冊
損害保険事業総合研究所（二〇〇八b）『損害保険通信講座〈損害保険ビジネス法務〉』第二分冊
損保ジャパン総合研究所（二〇一四）『ザ・ファクトブック　アメリカ保険事情二〇一四』
高橋伸夫（二〇〇四）『虚妄の成果主義』日経BP社
谷本寛治（二〇〇六）『CSR　企業と社会を考える』NTT出版
田畑康人（二〇〇八）「保険企業におけるモラルハザードとその対応」、石田重森編著『保険学のフロンティア』慶應義塾大学出版会
玉田巧（一九九二）「保険の一般理論」、亀井利明編『保険とリスクマネジメントの理論』法律文化社
近見正彦（二〇一一）「リスクと保険の基礎理論」、近見正彦・堀田一吉・江澤雅彦編『保険学』有斐閣
ドーア・R（二〇〇六）『誰のための会社にするか』岩波新書
東京海上ホールディングス（二〇一三）『東京海上グループのCSR　二〇一三』
十名直喜（二〇一〇）「〝働きつつ学び研究する〟人生スタイルの創造」、『経済科学通信』第一二三号、二〇一〇年四月、基礎経済科学研究所
ドラッカー・P（二〇〇一）『マネジメント　基本と原則』ダイヤモンド社
中﨑章夫（二〇〇九）「代理店の社員化」、『inswatch』二〇〇九年七月二七日
日新火災（二〇〇五）「二〇〇五年下期全店部長会議議事録」
日本経営者団体連盟（一九九五）「新時代の『日本的経営』―挑戦すべき方向とその具体策」
日本経済団体連合会（二〇〇四）「企業の社会的責任（CSR）推進にあたっての基本的考え方」
日本経済団体連合会（二〇〇五a）「CSR（企業の社会的責任）に関するアンケート調査結果」
日本経済団体連合会（二〇〇五b）「ホワイトカラーエグゼンプションに関する提言」
日本損害保険協会（二〇一三）『ファクトブック二〇一三　日本の損害保険』
朴勝俊（二〇〇三）「原子力発電所事故の被害額を試算する―大飯三号炉をモデルとして」、『技術と人間』二〇〇三年一〇月、技術と人間

朴勝俊（二〇〇四）「原発損害試算論文批判にたいして」京大原子炉実験所・原子力安全研究グループサイト
羽原敬二（二〇一二）「リスク・マネジメント」、近見正彦・堀田一吉・江澤雅彦編『保険学』有斐閣
藤井敏彦（二〇〇五）『ヨーロッパのCSRと日本のCSR』日科技連出版社
藤井敏彦（二〇〇七）「欧州におけるCSRの歴史と現状」、経済法令研究会編『金融CSR総覧』経済法令研究会
フリードマン・M（二〇〇八）『資本主義と自由』日経BP社
ベイカン・J（二〇〇四）『ザ・コーポレーション』早川書房
米国外務省（一九九四〜二〇〇八）「日米規制改革および競争政策イニシアティブに基づく日本国政府への米国政府要望書」
米国通商代表部（二〇〇〇）「外国貿易障壁報告書」
堀田一吉（二〇〇七）「人口減少社会の到来と生命保険業の課題」、『保険研究』第五九集、慶應義塾保険学会
堀田一吉（二〇〇八）「保険業のCSR（企業の社会的責任）と現代的課題」、石田重森編著『保険学のフロンティア』慶應義塾大学出版会
堀田一吉（二〇一二）「リスクと保険の経済分析」、近見正彦・堀田一吉・江澤雅彦編『保険学』、有斐閣
本間照光（二〇一三）「TPPを先取りする共済の危機」、『世界』二〇一三年一二月、岩波書店
松浦章（二〇〇九）「『市場原理主義』と労働運動の今日的役割」、『二〇〇九年労働・生活白書』兵庫県労働運動総合研究所
松浦章（二〇一〇）「損保産業における『私的時間』の実証分析と労働時間概念」、『経済科学通信』第一二四号、二〇一〇年一二月、基礎経済科学研究所
松浦章（二〇一二）「今日の労働時間問題とマルクス」、鰺坂真・牧野広義編著『マルクスの思想を今に生かす』学習の友社
水島一也（二〇〇二）『現代保険経済』千倉書房
三井住友海上（二〇〇四）『三井住友海上グループにおけるCSR活動と行動憲章の解説』
室田武（一九九三）『原発の経済学』朝日文庫
森岡孝二（二〇一〇）『強欲資本主義の時代とその終焉』桜井書店
森岡孝二（二〇一一）「労働時間の二重構造と二極分化」、『大原社会問題研究所雑誌』六二七号、二〇一一年一月、法政大学大原社会問題研究所
八代尚宏（一九九九）『雇用改革の時代』中公新書
労働政策研究・研修機構（二〇〇五）『労働政策研究報告22　日本の長時間労働・不払い労働時間の実態と実証分析』
渡辺章（二〇〇七）「労働条件法」、小西國友・渡辺章・中嶋士元也『労働関係法』有斐閣

松浦 章《まつうら・あきら》

■経歴

一九五一年…愛媛県に生まれる
一九七四年三月…同志社大学法学部卒業
一九七四年四月…損害保険会社入社
二〇〇六年二月…損害保険会社を五四歳で退社
二〇〇六年四月…兵庫県立大学大学院経済学研究科入学
二〇一四年三月…同大学院博士後期課程修了・博士（経済学）
現在…兵庫県立大学客員研究員、
道修商事（株）代表取締役、大阪損保革新懇世話人

■著書・論文

『マルクスの思想を今に生かす』（共著）
学習の友社、二〇一二年
「原発リスクと損保産業の社会的役割」
基礎経済科学研究所『経済科学通信』一二七号、
二〇一一年一二月
「損保産業における『私的時間』の実証分析と労働時間概念」
基礎経済科学研究所『経済科学通信』一二四号、
二〇一〇年一二月
「共済攻撃を考える」
「『市場原理主義』と労働運動の今日的役割」
兵庫労働総研『２００９年労働・生活白書』

日本の損害保険産業
CSRと労働を中心に

2014年9月18日　初版

著者……松浦 章
発行者……桜井 香

発行所……株式会社 桜井書店
東京都文京区本郷1丁目5-17　三洋ビル16
〒113-0033
電話　(03)5803-7353
FAX　(03)5803-7356
http://www.sakurai-shoten.com/

ブックデザイン……鈴木一誌+桜井雄一郎+山川昌悟
印刷・製本……株式会社 三陽社

ISBN978-4-905261-21-6 Printed in Japan